Sandy Hoffmann
Mickey Wiese

Von Blümchen und explodierenden Bienenmännern

Gottes Idee von Sexualität

© Aussaat Verlag 2007
www.nvg-medien.de
Umschlaggestaltung: Andreas Sonnhüter, Düsseldorf
Satz: Matthias Schneider, Essen
Druck: Fuck Druck, Koblenz
Printed in Germany
ISBN 978-3-7615-5578-1
Best.-Nr.: 155578

Inhaltsverzeichnis

Es sind schon viele Bücher über Sexualität geschrieben worden. Dies ist eins davon. Es gab mal einen Kinofilm, der hieß „Was Sie schon immer über Sex wissen wollten, aber bisher nicht zu fragen wagten". Der Regisseur Woody Allen macht sich darin in humorvollen Episoden über die sogenannte Aufklärungs- und Sexwelle lustig. Wir wissen nicht, ob du auf dieser Welle auch schon einmal versuchen musstest, deine innere Balance zu halten. Aber wenn man durch die Geschichte der sexuellen Aufklärung surft, merkt man, dass es verblüffenderweise bis heute immer wieder so ist, dass Schwester Flora (Blümchen) und Schwester Fauna (Tierchen) plötzlich zu Sexpertinnen mutieren.

Die Bienchen und die Blümchen

Kennst du die rührende Geschichte von den Blümchen und den Bienchen, die das Wissen um die Sexualität so anmutig leicht in die Welt tragen soll? Die Bienchen machen „es" zwar in 15 Metern Höhe anscheinend „himmlisch", aber wenn du einmal genauer hinschaust, wirst du froh sein, dass du ein Mensch bist. Denn während des Hochzeitsflugs der Bienenkönigin schläft der Bienenmann flugs mit der Königin, nachdem er Massen von Nebenbuhlern ausgestochen hat. Aber wenn der Glückliche dann zum Orgasmus kommt, explodiert er. Das ist kein Witz, sondern eher eine Tragödie für den armen Kerl. Das „erste Mal" tötet den Bienenmann und sein Penis bleibt als traurige Trophäe in der Königin stecken, um zu verhindern, dass andere Bienenmänner dort noch einmal zum Zuge kommen.
Soll das Gottes Idee von Sexualität sein?

Verlegene Erklärungen

Es gibt im Bereich Sexualität unterschiedlichste Ideen und Vorstellungen, wozu das Liebesspiel gut sein soll. Und du wirst mit allem Möglichen und auch Abstrusen konfrontiert und mit den Eindrücken alleine gelassen. Wenn du Erwachsene nämlich etwas über Sex fragst, erntest du oft genug nur rote Köpfe und merkwürdige Geschichten. Du könntest das Gefühl kriegen, sie wären selbst gerade auf Hochzeitsflug gewesen. Manche gestammelten Weisheiten der Elterngeneration helfen echt nicht weiter:

„'Es' ist wunderschön, aber für dich auf alle Fälle noch verboten!"
„Du wirst ‚Es' später schon selbst herausfinden."
„Schau dir einen Porno an, dann weißt du, wie ‚Es' geht!"
„Gute Frage, aber frage doch lieber mal deine Mutter ...!"

Sexualität hat mit Prägung zu tun

Blöd, dass diese Verlegenheiten deine Idee von Sexualität prägen. Selbst kleine Kinder nehmen die erwachsene Einstellung zur Sexualität lange vor irgendeiner verbalen Kommunikation auf. Und um zu erahnen, was dabei wohl herauskommen wird, brauchst du dir nur einmal anzuschauen, wie unbeholfen und befangen manche Eltern mit den Genitalien ihrer Kinder beim Waschen und Wickeln umgehen. Mit der berühmt berüchtigten sexuellen Revolution des letzten Jahrhunderts, die deine Eltern entweder mitgemacht oder bekämpft haben, ist es wie mit vielen anderen Revolutionen: Am Ende bleibt eine Menge beim Alten.

Sexualität ist Gottes Geschenk

Wir, Sandy und Mickey, sind zwar auch nur Erwachsene, aber wir haben uns vorgenommen, dir in diesem Buch die Idee Gottes von Sexualität und die sich daraus ergebenden Konsequenzen aus unserer Sicht vor Augen zu malen. Wir wollen dich ermutigen, Sexualität als einen normalen Bestandteil deines Lebens zu erkennen und sie, wie dein ganzes übriges Leben auch, als ein gutes Geschenk aus Gottes Hand anzunehmen und zu genießen.

Zwei Bibelstellen umrahmen dabei unsere Gedanken:

Psalm 16: (...) Du bist mein Herr, mein ganzes Glück! (...) Du, Herr, bist alles, was ich habe; du gibst mir alles, was ich brauche. In deiner Hand liegt meine Zukunft. Was du mir gibst, ist gut. Was du mir zuteilst, gefällt mir. Ich preise den Herrn, denn er hilft mir, gute Entscheidungen zu treffen.

1.Timotheus 6,17: Setze deine Hoffnung auf Gott, der uns alles reichlich darreicht zum Genuss.

Die Sache mit der Dankbarkeit

Immer und bei allem was du tust, kommt es vor allem auf die Dankbarkeit an (1.Timotheus 4,4), ob du nun ein Buch schreibst, ein Buch liest, betest oder mit deinem Partner schläfst. Denn mit Dankbarkeit öffnest du überall neue Wege. Darum danken wir an dieser Stelle auch zuerst unserem Freund Gott ganz herzlich, dass er die Freundlichkeit hatte, sich unseres Lebens anzunehmen und uns glücklich zu machen. Dann danken wir unseren Familien, dass sie uns immer wieder losgelassen haben, um an diesem Buch zu schreiben. Wir danken unserem Freund und Lektor Michael Jahnke, dass er uns den Freiraum geschenkt hat, dieses Buch zu veröffentlichen. Und wir danken dir, dass du uns dein Vertrauen schenkst, indem du dieses Buch liest.

KAPITEL I

Gott meint es gut mit dir

Das Fundament für die Idee von Sexualität

So, jetzt geht's los. Wir wollen uns mit dir zusammen langsam aber sicher, Schritt für Schritt, Kapitel für Kapitel, Gottes Idee von Sexualität nähern.

Ideen, die auf keinem sicheren Fundament stehen, sind keine sicheren Wohnorte.

Ideen über Sexualität, die auf Angst, Prüderie oder auch egoistischer Spaßsucht aufgebaut sind, können sehr leicht wie ein Kartenhaus zusammenbrechen, wenn ein unverhoffter Lebenssturm sie angeht. Darum muss man auch in der Sexualität bei Gottes grundlegendstem Wesenszug anfangen. „Gott ist Liebe, und wer in der Liebe bleibt, bleibt in Gott und Gott bleibt in ihm!" (1.Johannes 4,16) Das ist für viele in einer von Sünde gezeichneten Welt ziemlich harter Tobak. Dessen sind wir uns bewusst. Es kann sogar gut sein, dass du mit Gott noch nichts oder nichts mehr zu tun haben willst. Aber wir vertrauen der Sehnsucht tief in dir, die dich zu einem Buch mit „Gott" im Titel greifen ließ. Stell dir einfach einmal vor, Gott würde es wirklich so gut mit dir meinen, wie es der Psalm 23 und viele andere coole Stellen in der Bibel behaupten.

Gott ist gut und meint es gut

Wenn du nämlich den Sinn von Gottes Vorstellungen von bestimmten Zusammenhängen im Leben verstehen willst, musst du dir zuallererst einmal klar machen, dass Gott gut ist. Alles was er sich ausgedacht hat, ist gut und alles, was er mit seinen Gebrauchsanweisungen, den Geboten, erreichen will, ist auch gut. Und dass Gott die ganze Schöpfung gut geschaffen hat, ist nicht nur der Inhalt verstreuter einzelner Sonderbibelverse, sondern die grundsätzliche Voraussetzung allen Handelns Gottes mit uns, seinen Geschöpfen, in unserer eigenen Lebensgeschichte und in der ganzen Menschheitsgeschichte. In 1.Mose 1,31 heißt es abschließend sogar über alles, was Gott gemacht hat:

„Und Gott sah alles an, was er gemacht hatte, und siehe, es war sehr gut."

Das heißt: Gott findet dich gut, er findet uns gut und er findet Sex gut. Das hebräische Wort, das hier in der Bibel für gut steht, drückt die Angemessenheit, die Brauchbarkeit einer Sache aus, ihre Eignung für eine bestimmte Aufgabe. Wenn Gott also etwas geschaffen hat und dazu eine Gebrauchsanweisung gibt, dann ist das brauchbar und dazu geeignet, eine bestimmte Aufgabe zu erfüllen. Von dieser Aufgabe sagen alle Kirchen übereinstimmend aus, dass der erste Zweck der Schöpfung die Ehre Gottes ist und der zweite, dass die Menschen glücklich werden.

„Glücklich" meint, dass das Leben gelingt und sich richtig anfühlt, dass du mit Gott, deinem Nächsten, der Natur und dir selbst in Liebe leben kannst.

Wenn wir diese Voraussetzung nicht miteinander teilen können, dann werden wir uns Gottes Idee von Sexualität nicht nähern können, dann kannst du dich aber auch überhaupt keiner Idee Gottes nähern. Denn wer Gott nahekommen will, der muss darauf vertrauen, dass es ihn gibt und dass er denen, die ihn suchen, ein

Belohner sein wird, sagt die Bibel in Hebräer 11,6. Wenn wir also fragen, was für eine Idee Gott gehabt hat, als er die Sexualität erfunden hat, dann muss es irgendetwas Gutes sein. Denn auch als Gott sich die Sexualität angeschaut hat, sprach er darüber sein Urteil: Und siehe, es war sehr gut.

Das ist unser Fundament als Autoren dieses Buches und als Menschen, die ihr Leben nach Gottes guten Ideen ausrichten wollen. Auf Gottes Liebe vertrauen wir unbedingt in allen Dingen. Und von diesem Fundament aus bauen wir all unsere weiteren Erklärungen und Ausführungen über Gottes Idee von Sexualität auf.

KAPITEL 2

Alles zu seiner Zeit

Es gibt für alles im Leben eine bestimmte Zeit.

Und wenn du davon ausgehst, dass es Gott tatsächlich gut mit dir meinen könnte, dann wird er dich auch jeweils ganz persönlich auf diese bestimmte Zeit aufmerksam machen.

Sexualität setzt unter Druck

Im Bereich der Sexualität wirst du immer wieder merken, dass du sowohl einem starken inneren Druck ausgesetzt bist als auch einem äußeren Druck. Deine Freunde finden dich komisch, weil du noch keinen Sex hattest und dein Partner denkt, du liebst ihn nicht, weil du nicht mit ihm schläfst. Du kannst unter Umständen in deiner Clique in einen großen Zugzwang geraten. Aber selbst, wenn du dich dem stellen kannst, bleibt immer noch der innere Druck, der auch nicht zu unterschätzen ist.

Weißt du noch, wo du stehst, wenn du nachts oder beim Rumtollen mit deinem Partner erregt wirst?
Wie soll man denn die Zeit von der Geschlechtsreife bis zur sozialen Reife und dann noch bis zur Eheschließung überbrücken?

Spannungsabbau durch Selbstbefriedigung

Selbstbefriedigung ist sicherlich eine Möglichkeit, um Spannungen abzubauen. Dazu werden wir in dem Kapitel „Spannende Fragen" noch mehr sagen. Aber letzten Endes kann Sehnsuchtsdruck nur durch Erfüllung ausgeglichen werden. Wenn du dich jetzt aber ständig sexuell betätigst, kannst du trotzdem ganz schön leer ausgehen.

Du brauchst also eine Erfüllung, die noch stärker ist, als sexuelle Befriedigung es je sein kann.

Und in der Tat bietet Gott uns so etwas an. Die Bibel spricht vom Sattsein deiner Seele. So verspricht Gott dir durch den Propheten Jesaja auch für diese Zeit des Wartens auf sexuelle Interaktion: „Und beständig wird der Herr dich leiten, und er wird deine Seele sättigen an Orten der Dürre und deine Gebeine stärken. Dann wirst du sein wie ein bewässerter Garten und wie ein Wasserquell, dessen Wasser nicht versiegt." (Jesaja 58,11)

Sattsein setzt Essen voraus. Und essen kannst du allein in deiner persönlichen Anbetung Gottes, noch besser schmeckt es aber in der Gemeinschaft (Apostelgeschichte 2,43). Die Gemeinschaft mit Gott und den Menschen stillt unsere Bedürfnisse auf allen Ebenen. Darauf vertrauen wir und wünschen dir, dass du auch in dieses Vertrauen und diese Erfahrung hineinwächst. Probier es doch einfach mal aus. Wer glücklich ist, dem fehlt nichts. In Psalm 16 sagt einer, der in dieser Weise auf Gott vertraut hat, über seine Lebensumstände: „Das Los ist mir auf liebliches Land gefallen." Wie du etwas empfindest, das dir widerfährt, hängt auch viel damit zusammen, wie du die Situation betrachtest, bewertest und benennst. Das gilt auch für deine momentane asexuelle Lebenssituation.

Sex ist nicht die einzige Herausforderung in deinem Leben

Deine Lebensaufgabe als Jugendlicher hat im Moment jedenfalls noch ganz andere Herausforderungen als allein Sex. Du fährst ja auch noch keine Lastwagen oder musst verantwortungsvolle Entscheidungen in der Politik treffen.

Im Moment ist dein Gehirn biologisch gesehen noch so eine Art „ewige Baustelle".

Während der Pubertät bis weit in die Twenzeit hinein befindet sich dein Gehirn in einer neuronalen Umbauphase. Alte Verbindungen zwischen Nervenzellen werden unterbrochen und neue aufgebaut. Das sogenannte „Belohnungssystem" verliert 30% seiner Dopaminrezeptoren, die mitverantwortlich sind für gute Gefühle in dir. Wir empfehlen dir in diesem Zusammenhang einfach mal das Buch von Barbara Strauch „Warum sie so seltsam sind" zu lesen. Das ist ein guter Einstieg in das Verständnis des momentanen Tohuwabohus in deinem Kopf.

Der letzte und entscheidende Bauabschnitt in deinem Gehirn betrifft jedenfalls ein kleines Areal ganz vorn in deiner Stirn, direkt über den Augenhöhlen: der orbitofrontale Cortex, der mit anderen Strukturen zusammen unser Sozialverhalten steuert. Wenn dieser Bauabschnitt fertig ist, wirst du verantwortungsbewusst, entwickelst ein Gefühl für moralisches Handeln und bekommst es immer besser hin, dich in andere Menschen hineinzuversetzen. Der Einfluss der Sexualhormone ist in dieser Zeit lediglich dazu da, dein Gehirn für sexuelle Reize empfänglich zu machen, nicht, um dich anzureizen, sexuelle Beziehungen einzugehen. Die Gemeinschaft, in der du lebst, also deine Eltern, deine älteren Bezugspersonen, deine Gemeinde und auch der liebe Gott selber müssen während des Umbaus deines Gehirns die Rolle eines „externen präfontalen Cortex" übernehmen, bis deine eigenen Kontrollinstanzen im Kopf ausgereift sind. Du musst es ihnen nur erlauben.
Es gehört zu deiner Lebensaufgabe in der Jugendzeit, dich und dein Gehirn guten prägenden Einflüssen auszusetzen.

Darum ist die Auseinandersetzung mit Gottes Idee von Sexualität absolut angesagt. Lies, denk nach, unterhalte dich mit anderen darüber, lerne. Wenn die Beziehung zu Gott dich satt macht, dann kannst du dich locker zurücklehnen und der BRAVO und allen, die mit 13 schon von explosiven Gangbangerfahrungen (Gruppensex) prahlen, entgegenhalten: „Es gibt für alles eine bestimmte Stunde. Und für jedes Vorhaben unter dem Himmel gibt es eine Zeit." (Prediger 3,1) Der Herr ist dein Hirte und dir wird nichts mangeln, schon gar nicht an dem, was Gott selbst erfunden hat.

KAPITEL 3

Gott schuf den Menschen
als Mann und Frau

Wir schreiben dieses Buch bewusst gemeinsam als Mann und als Frau, um möglichst viele gedankliche und gefühlsmäßige Aspekte beider Geschlechter zu erwischen. Uns ist bewusst, dass du, der du dieses Buch gerade in Händen hältst, unabhängig von deiner sexuellen Orientierung, entweder ein Mädchen oder ein Junge oder in seltenen Fälle ein Hermaphrodit bzw. Zwitter bzw. Intersexuelle(r) bist. In jedem Fall aber stehst du in einem Spannungsfeld. Denn wir sind nicht alle gleich und haben in bedeutenden Bereichen unseres Daseins Unterschiedlichkeiten.

Mann = Isch, Frau = Ischa (nicht „Ische")

Der Mensch ist von Anfang an als ein grundsätzlich in zwei Geschlechter geteiltes Wesen geschaffen. Im Paradies war das zunächst einmal als eine gute Sache angedacht. Auf Hebräisch heißt der Mann „isch" und die Frau „ischa". In beiden brennt das gleiche göttliche Feuer „esch". Wenn man aber aus diesen beiden Worten die Buchstaben für Gott herausnimmt, das Jod (i) und das He (a) für „jahwe", dann bleibt nur noch das Wort „esch" übrig, das Feuer. Wenn man also im übertragenen Sinn Gott aus dem Spannungsfeld der Geschlechtsunterschiede herausnimmt, dann verwandelt sich das göttliche Feuer in ein nacktes verzehrendes Feuer. Vielleicht liegt es daran, dass es heutzutage in den Begegnungen von Männern und Frauen überall nur noch zu brennen scheint.

Die Gattung Mensch besteht jedenfalls aus Mann und Frau. Fertig.

Unterschiede sind vom Menschen gemacht

Weitere Unterscheidungen werden von Gott nicht gemacht. Weder von Deutschen noch von Nicht-Deutschen ist die Rede, weder von Christen und Muslimen noch von Juden und Hindus, weder von Reichen und Armen noch von Mächtigen und Machtlosen und auch nicht von Coolen und Losern - sondern nur von Mädchen und Jungen. Wenn es also in Gottes Schöpfung keine weiteren Unterschiede gibt, dann ist sonnenklar, dass vor Gott alle Menschen gleich sind. Auch wenn es auf den ersten Blick nicht so scheint, ist das aber echt etwas Besonderes. Denn die Schöpfungserzählungen anderer Völker lassen in der Regel immer nur genau dieses eine Volk, von dem sie geschrieben worden sind, direkt aus Gott hervorgehen, während alle anderen dann nur noch unter „ferner liefen" erwähnt werden. Die Bibel erzählt aber schon seit Urzeiten mit 1.Mose 1,27, dass Gott alle Menschen, egal aus welchem Volk, nach seinem Bild geschaffen hat. Alle anderen Unterscheidungen, mit denen wir uns heute das Leben so schwer machen können, kamen erst später, nach dem Sündenfall, auf. „Gott lässt seine Sonne aufgehen über Böse und Gute und lässt regnen über Gerechte und Ungerechte", sagt Jesus dazu in Matthäus 5,45.

Weil wir alle von einem Gott geschaffen wurden, liebt er uns auch alle gleich.

Unterscheidung in Mann und Frau

Nur eine Unterscheidung, die gab es schon im Paradies: „Gott schuf alle Menschen nach seinem Bild, aber als Mann und als Frau schuf er sie", heißt es in 1.Mose 1,27 weiter.

Beide Geschlechter sind gleichwertig, weil beide unterschiedliche Aspekte des einen Gottes widerspiegeln.

Was da im ersten Kapitel der Bibel steht, ist für die damalige Zeit etwas total Revolutionäres. Die Idee Gottes ist nämlich, sagt die Bibel, dass in seiner Schöpfung Mann und Frau gleichberechtigt nebeneinander stehen. Von Anfang an ist die Zweiheit der Geschlechter im Blick. Die Gattung Mensch ist gar nicht anders vorstellbar als so. Das ist deswegen so revolutionär, weil uns in der Bibel und in der Bibelauslegung ansonsten oft eher eine männerzentrierte und von Männern dominierte Welt begegnet. Gott selbst übt also mit

seinem Wort von Anfang an in einer männerdominierten Welt Gesellschaftskritik. Das macht Gott übrigens immer wieder, weil er in Bezug auf seine Liebe zu allen Menschen keine Missverständnisse aufkommen lassen will. Gott sagt: Wenn Mann und Frau gleichermaßen und zugleich von Gott geschaffen wurden, dann darf doch die Benachteiligung des einen oder der anderen im Leben von uns Menschen eigentlich nicht sein. Und diese Botschaft hat bis heute nichts an Sprengkraft verloren, aber leider auch immer noch nichts an ihrer Notwendigkeit.

Sexus = trennen

Die Aufteilung der Menschen in männlich und weiblich bezeichnet die Wissenschaft wie so oft mit einem lateinischen Wort. Das lateinische Wort „sexus" heißt „trennen". Grundlegend weist Sexualität nur darauf hin, dass es Unterschiede zwischen Frauen und Männern gibt.

Zu Gottes Idee von Sexualität gehört es, dass Jungen und Mädchen schon von ihrem Geschlecht her darauf spezialisiert sind, unterschiedliche Aspekte von Gottes Wesen in dieser Welt widerzuspiegeln.

Und da Gott durch und durch gut ist und es keine besseren oder schlechteren Anteile Gottes gibt, ist klar, dass jede Abwertung eines Geschlechts meilenweit von Gottes Idee von Sexualität entfernt ist.

Und die Sünde?

Der biblische Sündenbegriff meint übrigens genau das mit Sünde, dass man sich von Gottes Ideen entfernt bzw. das Ziel von Gottes Ideen verfehlt. Mit diesem Verständnis arbeiten wir auch in diesem Buch. Es ist uns wichtig, das von Anfang an klarzustellen, weil es gerade im sexuellen Bereich große Verwirrungen im Zusammenhang mit der Sünde gibt und alles Mögliche als Sünde ausgegeben wird, was oft genug aber nur kulturellen Prägungen oder ängstlicher Unwissenheit entspringt.

Auch in anderen Lebensbereichen wird dir das eine große Hilfe sein, wenn du bei der Frage, ob etwas Sünde ist oder nicht, darüber nachdenkst, ob es dich kurz- oder langfristig von Gott wegbringt. Wenn du darauf mit Ja antworten musst, dann ist es Sünde. Ansonsten nicht.

Denke immer an Paulus, der in Römer 14,23 den legendären Satz schreibt, dass *alles*, was nicht aus Glauben kommt, Sünde ist, also alles, was nicht aus dem Vertrauen auf Gottes Liebe kommt und sei es noch so fromm. Die Kirchengeschichte zeigt uns, dass der moralische Weg, also der Versuch, den Menschen von außen mit Geboten und Verboten zu verbessern, sehr wenig verändert.

Die Wahrheit ist, dass wir in der Gemeinde im Bereich Sex mehr Vision und weniger Prävention brauchen. Wir wollen von den Pastoren mehr Gutes über Gottes Idee von Sexualität hören und weniger Verbote, die uns vor „dem Schlimmsten" bewahren sollen. Prävention ist zwar eigentlich gut, aber von zu viel Schokolade wird einem auch schlecht. Wenn du Gottes Idee von Sexualität kennenlernst, wirst du unwillkürlich ausrufen:

„Respekt! Respekt dem Gott, der mich nur wenig geringer als Engel gemacht hat, aber viel herrlicher als explodierende Bienchen." *(Psalm 8)* Davon sind wir zutiefst überzeugt.

KAPITEL 4

Mit dem göttlichen Navigationssystem unterwegs

Der Umgang mit Sexualität ist gar nicht so einfach. Wenn du dich auf den Weg machst, Gottes Idee von Sexualität näherzukommen, kommst du schnell in routenplanerische Nöte.

Wo ist plötzlich das Ziel abgeblieben und wie kann ich durch das gesellschaftliche Verkehrschaos kommen?

Das hast du wahrscheinlich selbst schon gemerkt, sonst hättest du nicht nach solch einem Buch gegriffen.

Gesellschaftliches Sexchaos

Wir leben in einer Gesellschaft, die den Wald vor lauter Bäumen nicht sieht, die dem alten griechischen Gott Eros derart huldigt, dass alles erlaubt ist, was befriedigt. Manchmal hat man echt das Gefühl, dass in der Werbung gerade mal noch Toilettensteine ohne einen nackten Frauenkörper verkauft werden können. Widersprüchliche Anforderungen drängen auf dich ein. Die einen sagen:

„Mach einfach drauf los, probier deine Sexualität aus. Das Leben ist kurz, du musst es genießen und du wirst unterwegs schon herausfinden, was für dich okay ist und was nicht."

Die anderen sagen:
„Mach am besten gar nichts, dann kannst du auch nichts falsch machen."

Oft enden die dann selbst als asketische Hungerhaken, weil sie den Keuschheitsgürtel zu eng geschnallt haben. Und wenn du selbst nicht im übertragenen Sinn als „explodierender Bienenmann" enden willst, dann brauchst du Hilfestellungen, wie du authentisch auf dem Weg Gottes bleiben kannst. Gottes Ideen vom rechten Genuss des Lebens wollen uns einen im Alltag umsetzbaren Weg aufzeigen. Vielleicht haben Gottes Gebote deswegen Eingang in so viele Grundgesetze der Nationen gefunden.

Navigationsgerät Bibel

Wenn du dich jedenfalls nach Gottes Idee von Sexualität ausrichten willst, ist die Bibel dabei das beste Navigationssystem, das du haben kannst. Du gibst einfach dein Ziel an, eine Frau Gottes oder ein Mann Gottes zu sein, dann berechnet das Navigationsgerät deinen momentanen Standpunkt und gibt dir eine ganz persönliche Route an, mit der du an dein Ziel gelangen kannst. Wichtig bei Navigationsgeräten ist, dass du eingibst, ob du zu Fuß, mit dem Fahrrad oder dem Auto unterwegs bist. Daraus ergeben sich unterschiedliche Routen. Auch wenn du das Ziel ungenau eingibst, ergeben sich merkwürdige Routen.

Ungenaue Zielangaben können z. B. sein: eine erfolgreiche Frau Gottes zu werden, ein mächtiger Mann Gottes, ein bei den Frauen beliebter Mann Gottes oder eine KKK-Frau Gottes (Kinder, Küche, Kirche), also wenn du Gottes Ideen mit menschlichen Zusätzen versiehst. Bei solchen Zielangaben bekommt das biblische Navigationssystem Schwierigkeiten und leitet dich oft genug einfach nur im Kreis um das Ziel herum, also in einen „Teufelskreislauf". Das Gute an Navigationssystemen ist, dass sie nur ganz kurze Zeit brauchen, um einen neuen Kurs auszurechnen und dich von deinem aktuellen Standpunkt wieder in Richtung auf das ursprüngliche Ziel zu leiten, wenn du dich verfahren hast oder auch wenn du bewusst einen falschen Weg genommen hast. So ist es auch mit Gott und seinem Wort. Er hat immer einen Weg der Vergebung und Wiederherstellung.

Das Navigationssystem spricht mit dir

Das Satellitensystem ist die Heilige Ruach Gottes, die weibliche dritte Person Gottes (Vater, Sohn, Heiliger Geist), die dich überall findet, wohin auch immer du dich verlaufen haben magst. Natürlich können manche Wege zurück etwas holprig sein und beschwerlicher, als wenn man gleich den richtigen Weg genommen hätte. So ist das halt mit Umwegen.

Eine Teenagermutter hat es auch in der Gemeinschaft von liebevollen Christen schwerer als ihre Altersgenossinnen, die kein Kind zu versorgen haben.
Und ein jugendlicher Frauenheld wird schwerer zu einem tiefen Vertrauen in einer Beziehung finden als seine Altersgenossen, die weniger Beziehungen ausprobiert haben.

Der Ausgangspunkt für deine Reise

Bevor wir uns allerdings in den Einzelheiten des Zielgebiets verlieren, müssen wir erst einmal losfahren. Und jede Reise beginnt mit dem ersten Schritt. Das ist eine Binsenweisheit, aber trotzdem wahr. Deswegen versuchen wir ja auch, in diesem Buch Schritt für Schritt vorzugehen und wir hoffen, du kannst deine Neugierde bezähmen und bist noch bei uns. Am meisten hättest du sicherlich von unserem Buch, wenn du pro Woche nur ein Kapitel lesen, darüber nachdenken und es dann mit deinen Freunden besprechen würdest. Deine Reise beginnt an deinem Ausgangspunkt:

Du bist ein Mädchen oder ein Junge.
Und du bist deswegen ein Junge oder ein Mädchen, weil Gott dich so geschaffen hat.

Du bist etwas Besonderes

Diese Tatsache gibt dir eine große Würde und auch das Ziel deines Lebens.

Es ist kein Zufall und auch keine Laune der Natur, dass du so bist, wie du bist.

Es gibt etwas Besonderes in deinem Körper, in deiner Seele und in deinem Geist, dass dich von anderen unterscheidet. Wenn du an deinem persönlichen Ziel ankommen willst, dich also selbst verwirklichen willst, dann brauchst du einen Plan. Natürlich findet auch ein blindes Huhn mal ein Korn, aber in der Regel macht man sich erst einmal schlau, bevor man sich in ein Abenteuer stürzt. Nur der gut Vorbereitete kann wirklich spontan und kreativ sein, sagt ein Sprichwort. Und jeder Abenteurer wird dir bestätigen, wie wichtig eine gute Vorbereitung für die Sicherheit einer Expedition, aber auch für das Maximum an Freude und Genuss auf der Reise ist. „Wie kann ein junger Mensch sein Leben meistern?", heißt die gute Frage in Psalm 119,9. „Indem er tut, was du gesagt hast, Herr. Von Herzen frage ich nach deinen Ideen über das Leben, was du gesagt hast, präge ich mir ein, was du nach deinem Recht entschieden hast, das sage ich mir immer wieder auf." Immer wieder heißt es in der Bibel, dass Gottes Ideen vom Leben Freude auslösen (z. B. Apostelgeschichte 2,28) und dass diese Freude ein Schutz für dein Leben ist (z. B. Nehemia 8,10). Und auch wenn du, wie in der Werbung, „diesen Teppich nicht kaufen möchtest", weil du dein Ziel in einer dir noch nicht vertrauten Sprache angibst, wünschen wir dir doch „eine gute Reise".

KAPITEL 5

„Wer hat's erfunden ...?"

Der Kuckuck legt seine Eier in fremde Nester. Und wenn die Kukkucksküken ausgeschlüpft sind, werfen sie die Eier oder Jungen der Wirtseltern aus dem Nest.

Manchmal wird man das Gefühl nicht los, dass die Christen Sexualität als Kuckucksei empfinden.

Sex ist der Vorgeschmack auf den Himmel

Eine jüdische Lebensweisheit sagt dagegen: „Drei Dinge sind ein Vorgeschmack der kommenden Welt: Sabbat, Sonne und Sexualität." Uns gefällt diese Aussicht so gut, weil sie so entspannend ist. Sie drückt etwas von der zentralen biblischen Haltung zur Körperlichkeit des Menschen aus, die den Körper nicht mit Misstrauen betrachtet, sondern als Ort der Heilszusage Gottes. Die Juden sind ja laut Römer 11,11-21 unser Stammbaum als Christen, in den wir lediglich als ein wilder Zweig eingepfropft worden sind. Ihr Lebenssaft fließt jetzt auch durch unsere Kirchen, also können wir ruhig auch die Lebensweisheiten unseres Ursprungs ernst nehmen.

Nun wird die Sonne wohl auch von den Christen geschätzt, mit dem Sabbat ist es schon schwieriger. Frag mal deinen Pastor, was er darüber denkt, dass Sex ein Vorgeschmack des Himmels sein soll. Unsere jüdischen Geschwister reden von koscherem Sex (Rabbi Shmuley Boteach), aber wenn Christen an Sex denken, ertönt innerlich eher der Pulleralarm und sofort fallen einem alle möglichen Verbote aus der Jugendstunde ein:

„Nimm zu einer Verabredung immer eine zweite Person mit!"
„Küsse niemals länger als drei Sekunden!"

„Komm auf keinen Fall in eine liegende Position neben deinem Freund oder deiner Freundin!"
„Geht abends nach 22:00 Uhr getrennt nach Hause!"
„Gemeinsame Übernachtung im selben Raum oder gar im gleichen Bett ist absolut verboten!"

Kennst du diese gut gemeinten Ratschläge? Kein Wunder, dass du als junger Christ das Gefühl hast, dass Gott dir den Spaß verderben will. Dabei ist alles ganz anders. Am liebsten würde man Leute, die so etwas verbreiten, einfach mal am Ohr vor die Kamera ziehen und sie öffentlich widerrufen lassen. Gottes Idee von Sexualität ist es nämlich, durch die Art und Weise, in der Männer und Frauen liebevoll miteinander umgehen könnten, so mancher entzündeten Beziehung auf der Welt Linderung zu verschaffen. Sexualität ist kein Kuckucksei, sondern tatsächlich ein Versprechen und ein Zeichen auf eine neue Welt hin. Gott nimmt das Liebesleben der Menschen, um darin sein Leben, seine Liebe, sichtbar zu machen und das Werk Christi in unsere Zeit und in unseren Erfahrungsbereich hinein zu veranschaulichen.

Paulus und die Gegenkultur der Liebe

Paulus hielt sein Leben lang und in allen Umständen an seiner Vision einer Gegenkultur der Liebe fest, weil er von Gottes Idee vom Leben und damit auch von Gottes Idee von Sexualität durchdrungen war. Darum schrieb er in seinem Brief an die Epheser: „Dass Mann und Frau in ihrer Liebe ein Fleisch sein werden, das ist so ein großes Geheimnis. Ich aber deute es auf Christus und die Gemeinde." Paulus sagt in Epheser 5: „Unsere Hoffnung in einer von Sünde und Egoismus zerstörten Welt ist die Idee Gottes von seinem Reich und seiner Gerechtigkeit, unsere Hoffnung auf einen würdigen Umgang der Menschen miteinander ist das Leben, Sterben und Auferstehen von Jesus Christus. Am deutlichsten würde diese Hoffnung natürlich in der schwierigsten Polarisierung aller Zeiten zum Ausdruck gebracht werden, wenn Mann und Frau in Liebe miteinander umgingen."

Ehe als „Sakrament"

So gesehen ist die Ehe zweier Christen tatsächlich ein Sakrament. Ein Sakrament ist ein heiliges Zeichen für Gottes Liebe in einer kaputten Welt. Im Sakrament wird eine Handlung vollzogen, die eine unsichtbare Wirklichkeit Gottes bewirkt, sie vergegenwärtigt und an ihr Anteil gibt.

Man kann etwas von Gott verstehen, wenn man bis über beide Ohren verliebt ist und „im siebten Himmel" schwebt.

Wenn du alte mystische Texte von Christen wie Bernhard von Clairvaux oder Teresa von Avila liest, merkst du, wie sie ihre Erfahrungen mit Gott in zutiefst erotischen Bildern beschreiben. Teresa beschreibt eine ihrer Gottesbegegnungen so: „Ich sah einen Engel zu meiner Linken. Er hielt eine goldene Lanze in der Hand, und ich glaubte eine Flamme an ihrer eisernen Spitze zu sehen. Er schien sie mir mehrmals ins Herz zu stoßen, bis zu den Eingeweiden, und diese mitsamt der Lanze herauszuziehen; so ließ er mich von großer Liebe zu Gott entflammt zurück. Der Schmerz war so heftig, dass ich stöhnte und die Süße dieses heftigen Schmerzes überstieg so sehr alles Maß, dass man nicht wünschen kann, er möchte ein Ende nehmen." Da geht die Post ab, oder?

Sexualität und Glaube sind kein Widerspruch. Sie bieten vielmehr die Chance einer gegenseitigen Bereicherung. Sexuelle Erfahrungen können deinem Glauben eine leibliche Dimension verleihen und eine Ahnung davon geben, wie du dich einmal im Himmel grundsätzlich fühlen wirst. Umgekehrt ist es aber auch möglich, sexuelle Erfahrungen aus dem Glauben heraus tiefer zu verstehen und zu deuten. Wenn du mit deinem Partner schläfst, kannst du etwas von Gott erfahren, von einem Glück, das du dir nicht selbst machen kannst, sondern das geschenkt wird.

KAPITEL 6

Bindung, ein guter Grund für Sexualität

Es ist nun an der Zeit, dir ein paar gute Gründe vorzustellen warum Gott Sexualität erfunden hat und welche Ideen ihn dabei geleitet haben. Das werden wir in den nächsten vier Kapiteln tun.

Bei Gottes Idee von Sexualität geht es zunächst einmal um Bindungsfähigkeit, also der Fähigkeit, mit anderen Menschen länger dauernde emotionale Wechselbeziehungen zu leben.

Das klingt jedenfalls gleich zu Anfang der Bibel 1.Mose 2,24 an: „Darum wird ein Mann seinen Vater und seine Mutter verlassen und seiner Frau anhangen, und sie werden zu einem Fleisch werden." „Ein Fleisch" meint natürlich grundsätzlich auf allen Ebenen deiner Persönlichkeit mit einem anderen Menschen zu einer Einheit zusammenzuwachsen, aber die sexuelle Ebene gehört eben auch mit dazu. Sexualität trägt mit dazu bei, dass zwischen zwei Menschen eine geheimnisvolle einzigartige Bindung entsteht. Die sexuelle Energie enthält etwas, das weit über das Körperliche und auch über das Gefühlsmäßige und Psychische hinausgeht. Sie berührt den Geist eines Menschen ganz tief und führt zu einer umfassenden Einheit.

Der Geschlechtsverkehr ist ein Leben verbindender Akt und nicht nur eine lustvolle Turnübung.

Sex ist mehr als „rein und raus"

Am sexuellen Akt sind nicht nur deine Geschlechtsorgane beteiligt, auch wenn das den Männern dann und wann vorgeworfen wird. Miteinander zu schlafen ist eine Handlung, die die ganze Person betrifft. Sex ist eine persönliche Begegnung zwischen Mann und Frau, in der jeder auf den anderen wirkt, zum Guten oder zum Bösen, in unauslöschlicher Weise. Das „Erste Mal" wird immer eine besondere Bedeutung in deiner Prägung und Erinnerung haben. Aber auch die anderen Male bleiben. Manchmal kann man sich vielleicht nicht bewusst daran erinnern, aber die prägenden Spuren sind im Unterbewusstsein verankert. Sehr krass wird das deutlich bei Menschen, die eine Vergewaltigung erlebt haben. Solch eine bösartige Gewalt zerstört das Vertrauen für lange Zeit. Und auch wenn uns der Gedanke fast obszön erscheint: Auch der Vergewaltiger wird in seiner Seele schrecklich falsch geprägt. Die Hoffnung auf Wiederherstellung scheint hier minimal. Es sei denn, Gott heilt das verprägte Vertrauen und stellt in dir etwas Neues, Unberührtes wieder her.

Wenn die Chemie stimmt ...

Ein weiterer Aspekt, der zeigt, dass es bei der Sexualität um Bindung geht, ist das sogenannte Bindungshormon Oxytocin. In der Tat hat Gott der Chemie erlaubt, auch die Hand im Spiel zu haben, wenn es um Gefühle wie Liebe, Verlangen und Treue geht. Nicht Gold, das sprichwörtliche chemische Treueelement, sondern das Hormon Oxytocin ist in der Lage, uns in höchste Glücksgefühle zu versetzen. Oxytocin ist ein zyklisches Peptid, das im Gehirn von allen Säugetieren produziert wird. Wenn es über die Blutbahnen in den Körper gelangt, bewirkt es das Zusammenziehen der glatten Muskulatur, also dass sich beim Orgasmus bei der Frau die Gebärmutter oder beim Mann der Samenleiter rhythmisch zusammenzieht. Interessanterweise scheint die Produktion von Oxytocin beim Sex noch viel mehr zu können. Oxytocin wirkt sich auch nachhaltig auf das Treueverhalten aus. Nachdem es beim Orgasmus ausgeschüttet wird, bewirkt es vor allem bei Frauen den starken Wunsch, unbedingt den Rest des Lebens mit diesem Mann in ihrem Bett verbringen zu müssen. Bei besonders Verliebten wird der hohe Oxytocin-Spiegel auch schon durch den bloßen Anblick des Partners ausgelöst.

Da der chemische Haushalt des Menschen auch von Gott bei der Schöpfung zusammengemixt wurde, kannst du davon ausgehen dass die ganze Sache mit den Hormonen in dir eine gute Idee Gottes ist.

Und deswegen spricht die Entdeckung des Oxytocins auch dafür, dass Gottes Idee von Sexualität auch die Herstellung von dauerhafter Bindung zwischen zwei Menschen ist.

Spannende Statistik

Bindung und Treue ist übrigens auch ganz allgemein für junge Leute im bundesdeutschen Durchschnitt eine wesentliche Voraussetzung für Sexualität. Die Bundeszentrale für gesundheitliche Aufklärung führte 2001 eine Befragung unter Jugendlichen durch und ermittelte, dass jede(r) Dritte zwischen 14 und 17 Jahren Geschlechtsverkehr hatte. Das heißt auch, dass zwei Drittel der Jugendlichen keinen Geschlechtsverkehr hatten.

Wenn du also wegen deinem Bestreben, Gottes Idee von Sexualität umzusetzen, in Bedrängnis gerätst, kannst du dich ganz lässig als Teil der Mehrheit verstehen.

Allerdings nahm der Anteil der koituserfahrenen Mädchen gegenüber früheren Befragungen besonders in den jüngeren Jahrgängen zu. Zu ähnlichen Ergebnissen wie die Bundeszentrale für gesundheitliche Aufklärung kam die neueste Jugendstudie der Zeitschrift „Bravo" im Jahr 2006: „Nicht bestätigen konnte die Studie die Annahme, wonach Jugendliche immer früher Sex haben. Die Mehrheit erlebt das „Erste Mal" demnach zwischen dem 15. und 17. Lebensjahr. Bei den 17-Jährigen gaben 69 Prozent an, schon einmal Geschlechtsverkehr gehabt zu haben. Bei den 16-Jährigen waren es 43 Prozent, bei den 15-Jährigen 23 Prozent, bei den 14-Jährigen 13 Prozent und bei den 13- und 12-Jährigen hatten 3 beziehungsweise 1 Prozent erste sexuelle Erfahrungen. Andererseits wollten sich ein Viertel der 17-jährigen Mädchen und ein Drittel der Jungen noch Zeit lassen und auf den richtigen Partner warten."

Die innere Sehnsucht des Menschen nach Gottes Ideen und damit dem Aufbau von gefühlsmäßigen Bindungen als tragendem Netzwerk des Lebens bricht sich also auch im modernen Sexualverhalten deiner Freunde und Freundinnen Bahn.

KAPITEL 7

Spaß, ein weiterer guter Grund für Sexualität

Es geht auch um Spaß, Freude und Lust bei Gottes Idee von Sexualität.

Zweites Lebensziel: Glück

Freude ist eine spontane, innere, emotionale Reaktion auf eine angenehme Situation, eine Person oder Erinnerung. Gott hat viele Dinge in der Schöpfung für den Menschen mit lustvoller Befriedigung verbunden. Im Moment der Freude fühlt man sich zumindest eine begrenzte Zeit lang wohl, es sind für einen Augenblick alle seelischen Bedürfnisse erfüllt. Das ist dann wahrscheinlich eine unbewusste Erinnerung an unseren paradiesischen Ursprung, daran, dass wir aus einem Zustand kommen, in dem es keinen Schmerz, kein Leid und kein Geschrei gab. Der Spaß am Leben kann sehr verschiedene Formen und Stärken von angenehmen Gefühlen annehmen. Das kann sich nach außen auf einer ganzen Skala zwischen Lächeln und Freudenschrei äußern. Edmund Schlink war ein großartiger Theologe, der zusammen mit einem katholischen und einem griechisch orthodoxen Theologen eine Dogmatik geschrieben hat, in der die drei zusammengetragen haben, was alle Christen auf der ganzen Welt gemeinsam glauben. Und Edmund Schlink, ein Mann, der es wissen muss, hat in all seinen Forschungen Folgendes herausgefunden: Die ganze Schöpfung hat nach Überzeugung der Christen zwei grundlegende Bestimmungen:

Das erste Ziel der Schöpfung ist die Ehre Gottes und das zweite Ziel der Schöpfung ist, dass wir glücklich werden.

Alles andere ordnet sich diesen beiden Zielen unter oder ist zweitrangig. Es hätte doch auch gelangt, wenn Gott uns bei der Schöpfung räumliches Sehen in schwarz-weiß eingebaut hätte, aber er gab uns die Fähigkeit, Farben zu sehen und uns an den Farben zu erfreuen. Auch die Nahrungsaufnahme hätte rein zweckmäßig gestaltet werden können, aber Gott gab uns die Möglichkeit, uns mit Riechen und Schmecken an der Zufuhr von für den Betrieb des Körpers notwendiger Energie zu erfreuen. Und selbst das Ausscheiden von unerwünschten und unbrauchbar gewordenen Substanzen aus dem Körper dürfen wir in Gottes großer Gnade lustvoll als einen Akt der Befreiung genießen.

Gott hat das Leben nicht nur funktional eingerichtet und die Fortpflanzung macht da keine Ausnahme.

Freude ist ein eigenständiger Bestandteil von Sexualität, den man auch eigenständig genießen darf. Paulus hat deswegen diesen Sachverhalt einmal einem Jugendlichen extra in einem seiner Briefe erklärt. Er schreibt in 1.Timotheus 6,17: „Setzt eure Hoffnung auf Gott, der uns alles reichlich darreicht zum Genuss." Und kurz davor, in Kapitel 4, erklärt er Timotheus, dass alles, was Gott geschaffen hat, gut ist und nichts verwerflich, wenn es mit Danksagung genommen wird. Man kann den Spaßaspekt aber auch nicht vollständig von den anderen Bestandteilen der Sexualität abkoppeln, wie das in unserer Gesellschaft zurzeit weithin gelebt wird.

Die scheinbar sorglose Machbarkeit von sexuellem Spaß ohne Reue täuscht. Es geht immer um das ganze Paket. Kein Bestandteil von Sexualität kann alleine für sich ausfüllen.

Sublimierung, noch ein guter Grund für Sexualität

Vielleicht hast du dich auch schon einmal gefragt, wie Nonnen und Mönche das eigentlich hinbekommen, auf partnerschaftliche Sexualität zu verzichten?

Erleben Menschen, die nicht mit jemand anderem schlafen, keine Sexualität?

Wohl kaum, wenn sie doch, wie wir gesagt haben, von Gott in unsere Gene eingebaut worden ist. Worin zeigt sich Sexualität in einer solchen Lebenssituation? Hier kommen wir zu noch einem guten Grund für Sexualität. Es geht bei Gottes Idee von Sexualität auch um schöpferische Kraft. Sex bringt kulturelle Leistungen hervor! Viele Kunstwerke entstehen aus der im Künstler aufgebauten sexuellen Spannung. Dieses Energiepotential entsteht durch das Umwandeln von sexueller Betätigung, was man Sublimierung nennt. Sublimierung ist die Umwandlung sexueller Energie in eine geistige Leistung. Diese Möglichkeit hat schon Sigmund Freud beschrieben: „Die sexuelle Triebenergie wird umgelenkt in kulturell wertvolle und sozial anerkannte Verhaltensweisen."

Enthaltsamkeit ist also keine unnatürliche Lebensweise und sie hat vor allem nicht nichts mit Sex zu tun.

Auch Mönche, Nonnen, Singles und Jugendliche wie du, leben demzufolge ihre Sexualität, nur eben auf eine andere Art und Weise.

‚Jad' - Gott loben, mit dem Verstand erkennen, Sex machen

Eine gute Verbindung von geistlichem Leben und Sex könnte unserem geistlichen Leben z. B. eine neue Kraft und Leidenschaftlichkeit schenken. Schon die Wurzel der hebräischen Wörter für Geschlechtsverkehr und Lobpreis im AT gehören zusammen. „Jad" bringt mit seinen drei unterschiedlichen Bedeutungen („mit dem Verstand etwas erkennen", „von Herzen Gott loben" und „mit jemandem Geschlechtsverkehr haben") zum Ausdruck, dass auch die Erfahrung des Einswerdens mit Gott ein ekstatisches bzw. erotisches Erleben ist. Auch bei den Mystikern des Mittelalters kann man gut sehen, dass die Kraft der sexuellen Leidenschaft die Liebe zu Gott beseelen und prägen kann, wenn es gelingt, Sex weder auszuagieren noch zu unterdrücken. Der Verzicht auf die sexuelle Vereinigung mit einem Partner kann Sex verwandeln, sodass er zum größten Ansporn wird, sich ganz und gar, mit Leib und Seele, Gott hinzugeben und sich in Gott hinein fallen zu lassen, um eins zu werden mit Gott, mit allen Menschen, ja mit der ganzen Schöpfung. Die Aufgabe bestünde darin, die Lust auf Sex immer wieder als Ansporn zu nehmen, sich nach dem Gott auszustrecken, der die Sehnsucht, die sich im Sex ausdrückt, erst in ihrer ganzen Tiefe zu erfüllen vermag.

„Sexueller" Umgang mit allen Dingen

Der Benediktiner Anselm Grün beschreibt das in seinem Buch „Mystik und Eros": „In der Regel Benedikts begegnen wir auf Schritt und Tritt diesem geistlichen Umgang mit der Welt. Da fordert Benedikt vom Cellerar: ,Alle Geräte des Klosters und den ganzen Besitz betrachte er wie heilige Altargefäße.' (Regula Benedicti 31,10) Wie ich die Dinge behandle, darin zeigt sich nicht nur meine Ehrfurcht vor Gott, sondern auch die Integration meiner Sexualität. Sex will in jede zärtliche Berührung einfließen, will mir Lust schenken beim Ertasten der Dinge, beim Umgang etwa mit dem Handwerkszeug, mit dem Essgeschirr, mit Musikinstrumenten." Wenn Sex in Achtsamkeit und Sinnlichkeit hineingeflossen ist, dann kann es sogar dazu kommen, sagt Grün, dass der Drang des genitalen Sex aufhört. Grün erzählt die Geschichte von einem Rabbi, der zu einem heiligen Mann fuhr, um von ihm tiefere geistliche Erkenntnis zu erhalten. Der Rabbi kam aber nicht um Lehre von dem heiligen Mann zu hören, sondern nur um zu sehen, wie er die Filzschuhe aufschnürte und wie er sie schnürte.

Die Kunst ist es, das ganze Leben in einer Weise von Gottes Vision vom Sex und seiner Antriebskraft durchdringen zu lassen, dass man ganz aufgeht in seinem augenblicklichen Tun und eins wird mit seiner momentanen persönlichen Situation.

KAPITEL 9

Fortpflanzung, immer noch ein guter Grund für Sexualität

Es ist offensichtlich, dass es Gottes Idee war, mittels der sexuellen Vereinigung neues Leben entstehen zu lassen. Nachdem die Kirche in der Vergangenheit diesen Aspekt zum einzig Möglichen hochstilisiert hat, ist die Gegenbewegung unserer Tage verständlich.

„Seid fruchtbar und mehret euch" – ist aber immer noch der erste Auftrag Gottes an uns Menschen in 1.Mose 1,28. Einige halten Petting oder Analverkehr für eine Lösung, aber selbst da kann ein vorwitziges Spermium seinen Weg machen. Grundsätzlich besteht für dich immer die Möglichkeit, dass du als Frau oder dass deine Freundin schwanger wird. Sexualität verfolgt nicht nur das Ziel, Bindung aufzubauen, Spaß für eine gewisse Zeit zu haben und gewaltige Kunstwerke zu schaffen, sondern strebt letztendlich ein Höheres an: die Weitergabe unserer Gene und damit die Entwicklung unserer Gesellschaft.

Bei Gottes Idee von Sexualität geht es auch um unsere Zukunft!

Jeder Sexualkontakt zielt letztendlich darauf ab. Schon kurz vor der ersten Regelblutung (Menarche) kannst du als Mädchen schwanger werden. Mit dem ersten Samenerguss (Ejacularche) kannst du als Junge ein Kind zeugen. Eine Tatsache, die manch ein Teenager am eigenen Leib erfährt. Im März 2006 z. B. ging die Geschichte einer der jüngsten Mütter Deutschlands durch die Presse. Sie entband in Hamburg mit 12 Jahren ein gesundes Baby.

Verantwortungsbewusst verhüten

Eigentlich sind Menschen deines Alters aber in ihrem Verhütungs-verhalten verantwortungsbewusst, so die Bundeszentrale für gesundheitliche Aufklärung (BzgA). Nur 3 – 4 % hatten in der Be-fragung beim letzten Geschlechtsverkehr keine Verhütungsmittel angewendet. Kritisch jedoch ist das „Erste Mal" zu betrachten. Ca. 10 % der Jugendlichen verhüten nicht und verdrängen die Tatsache, dass man auch da schwanger werden kann. Haupt-begründung ist: „Es kam zu spontan." Auch die „Bravo Studie" von 2006 bestätigt diese Zahlen: „86 Prozent der Befragten, die schon Geschlechtsverkehr hatten, verhüten regelmäßig. Jeder Siebente verzichtet allerdings auch regelmäßig darauf." Das ist leider eine Tendenz, die wir ebenso in der Beratung christlicher Jugendlicher erleben.

Mädchen und Jungen wachsen unter dem häufig nicht einmal aus-gesprochenen moralischen Druck auf, mit dem Partner vor der Ehe keine sexuellen Kontakte zu haben. Dies führt in manchen Fällen dazu, dass das Thema Verhütung völlig verdrängt wird, weil es den Anschein hat, der sexuellen Versuchung gerade erst Tür und Tor zu öffnen.

So schlittern viele Jugendliche dieses Alters aber erst recht ge-radewegs in eine Mutter- oder Vaterschaft hinein. Das Sprichwort „Unwissenheit schützt vor Strafe bzw. Konsequenzen nicht." trifft bei Sexualität voll zu. Solltest du mit jemandem Sex haben und eine Schwangerschaft entsteht, trägst du die Konsequenzen. Bei korrekter Anwendung von Pille oder Kondom ist die Sache zwar nahezu „wasserdicht". Doch bei einer Sicherheit von ca. 98 – 99% heißt das trotzdem, dass von hundert Paaren eins schwanger wird, wenn sie miteinander schlafen. Aus diesem Grund möchten wir dir auch im nächsten Kapitel die verschiedenen Möglichkei-ten der Verhütung kurz erklären. Über www.sexualaufklärung.de kannst du dir dann selbst noch eine Menge mehr Infos zu diesem Thema herunterladen.

Trennung von Sex und Fortpflanzung

Seit der Entwicklung der Pille, die 1961 auf dem deutschen Markt eingeführt wurde, ist es weitgehend gelungen, Sex und Fortpflanzung voneinander zu trennen. Das war eine Revolution! Aber keine Verhütungsmethode ist zu 100% sicher, selbst wenn Mann oder Frau sie korrekt anwendet. Darum muss man auch mit der Möglichkeit der Fortpflanzung rechnen und sich fragen, ob man dafür schon reif genug ist.

Wenn du mit deiner Freundin oder deinem Freund schläfst, muss dir klar sein, dass ein Kind entstehen kann.

Und egal ob du, deine Eltern, deine Jugendleiter oder sonst wer es für moralisch angemessen halten, du musst dir diese Frage ganz allein beantworten:

Was, wenn es passieren würde?
Könnte ich mir jetzt vorstellen, Mutter oder Vater zu werden?
Gottes Idee von Sexualität lässt keinen anderen Schluss zu: Wenn du verantwortlich mit deiner Sexualität, deinem Partner und möglichem werdenden Leben umgehen willst, solltest du dich auch mit diesem Thema auseinandersetzen. Denn nicht immer sind die Lebensumstände entsprechend günstig oder überhaupt vorhanden, um ein Kind „in guter Hoffnung" auszutragen.

Behaltet ihr das Kind dann oder nicht?
Die Entscheidung über Leben oder Tod ist eine der schwierigsten Entscheidungen, vor die ein Mensch gestellt werden kann. Auch ein Paar, das die Familienplanung bereits abgeschlossen hat, muss sich mit dem Thema Verhütung auseinandersetzen und sich fragen: Wäre ein Kind jetzt in unserer Situation verantwortbar?

Übrigens ist es auch für Christen absolut biblisch, den Verstand bei dem Thema Fruchtbarkeit einzuschalten und demzufolge auch zu verhüten.

KAPITEL 10

Verhütung –
Ein Fall für Drei

Die Frage, wie man eine unerwünschte Schwangerschaft vermeiden kann, ist seit Jahrtausenden ein Dauerbrenner. Aber das Wissen um die Schwangerschaft ist noch gar nicht so alt. So wussten die Ärzte bis zum 18. Jahrhundert kaum über die körperlichen Anzeichen einer Schwangerschaft Bescheid. Und bis in die 1960er Jahre waren tatsächlich Frösche ein biologischer Indikator für eine bestehende Schwangerschaft.

Schwangerschaftstest mit Frosch

Einem männlichen Frosch oder einer Kröte wurde Urin oder Blutserum der potenziell schwangeren Frau in den Rücken-Lymphsack oder unter die Haut injiziert. Wenn beim Frosch nach drei Stunden Samenzellen nachzuweisen waren, befand man die getestete Frau für schwanger. Der Versuchsfrosch stand dann nach einer gewissen Erholungspause für den nächsten Test wieder zur Verfügung. Du kannst dir vorstellen, dass die Frösche im wahrsten Sinn des Wortes ganz schön angepisst waren.

Verhüten auf evangelisch und katholisch

Die Kirchen haben bezüglich der Anwendung von Verhütungsmitteln unterschiedliche Meinungen: Die katholische Kirche nimmt den Auftrag Gottes „seid fruchtbar und mehret euch" sehr ernst und verneint den Einsatz von Verhütungsmitteln mit allen Konsequenzen. Evangelische Christen haben damit weniger ein Problem, sofern die Methode keinen Abtreibungscharakter hat (z. B. die „Pille danach", „Spirale danach") und das Paar verantwortungsbewusst mit Sexualität umgeht.

Verantwortungsbewusst heißt: Sich selbst und den Anderen in Liebe anzunehmen, Gott die Ehre zu geben und seine Schöpfung zu achten. Darum ist Verhütung immer ein Fall für drei.

Verhütungsmethoden

Wir zeigen dir in einem kurzen Überblick die gängigsten Verhütungsmethoden, ihre Wirkungen und ihre Vor- und Nachteile auf. Informiert zu sein ist keine Sünde und sich zu schützen kein Misstrauensvotum gegenüber Gott.

Methode: Pille

Wirkung/Anwendung: Verhinderung des Eisprungs durch Hormone, Verhinderung des Eindringens der Samenzellen in die Gebärmutter und Einnistung der Eizelle in die Gebärmutterschleimhaut. Tägliche Einnahme; Beginn nur am 1. Tag des nächsten Zyklus (Menstruation) möglich; verschreibungspflichtig; Kontrolle durch Arzt/Ärztin erforderlich

Vorteile: Hohe Sicherheit; kürzere und schwächere Blutung und damit weniger Schmerzen; bei Akne eventuell von Nutzen

Nachteile/ mögliche Nebenwirkungen: Scheidenentzündungen; Blutungsstörungen; Brustspannen; Libidoverlust; Kopfschmerzen; (Sehstörungen); Gewichtszunahme; Thrombosegefahr

Für wen geeignet: Frauen, die einen bequemen und sicheren Schutz brauchen; die evtl. Nebenwirkungen in Kauf nehmen; nicht für Raucherinnen; generell Vorsicht über 40 Jahre

Sicherheit: Sehr sicher

Methode: Minipille

Wirkung/Anwendung: Wirkung wie bei der Pille; hemmt aber nicht generell den Eisprung, da nur gestagenhaltig. Wird ohne Pillenpause durchgängig täglich exakt zur gleichen Zeit eingenommen

Vorteile: Geringere Nebenwirkungen als Pille; kann auch in der Stillzeit verwendet werden

Nachteile/ mögliche Nebenwirkungen: Exakte Einnahmezeiten verlangen Disziplin; eventuell Zyklusstörungen; Schmierblutungen

Für wen geeignet: Vgl. Pille; auch für Frauen mit Östrogenunverträglichkeit

Sicherheit: Sicher

Methode: Kondom

Wirkung/Anwendung: Verhinderung einer Befruchtung durch Auffangen von Samenflüssigkeit; einfach durch beide Partner zu handhaben; keine Anwendung mit Vaseline oder fett- bzw. paraffinhaltigem Gleitmittel, sowie bestimmten im Genitalbereich angewandten Medikamenten oder Salben

Vorteile: Minimale Vorbereitung; keine Wartezeit; wird nur bei Bedarf angewendet; preiswert; leicht verfügbar; bei modernen Qualitätskondomen kaum gefühlsmäßige Beeinträchtigung; einziges Verhütungsmittel für den Mann; Schutz vor einer HIV-Infektion und anderen sexuell übertragbaren Krankheiten

Nachteile/ mögliche Nebenwirkungen: Evtl. Beeinträchtigung durch Unterbrechung des Sex; daran denken und anwenden ist erforderlich

Für wen geeignet: Bei wechselnden Partnern als Infektionsschutz unerlässlich; auch für Jugendliche gut geeignet; jede/r kann es „für alle Fälle" bei sich haben, geeignet während der Stillzeit und bei unregelmäßigem Zyklus

Sicherheit: Sicher

Methode: Kondom für die Frau

Wirkung/Anwendung: Vaginalschlauch, der das Zusammentreffen von Eizelle und Samenzelle verhindert
Vorteile: Schutz vor einer HIV-Infektion auch für Frau möglich
Nachteile/ mögliche Nebenwirkungen: Kein Bezug ohne Bestellung möglich; schwierige Anwendung
Für wen geeignet: Für Frauen, die eigenverantwortlich einen Infektionsschutz wollen
Sicherheit: Sicher

Methode: Spirale (IUP)

Wirkung/Anwendung: Dauerreizung der Gebärmutter und damit Verhinderung der Einnistung eines befruchteten Eis; Einsetzen nur durch Frauenarzt/Frauenärztin; kann bis zu fünf Jahre liegen bleiben
Vorteile: Kaum Beschäftigung mit Thema Verhütung erforderlich
Nachteile/ mögliche Nebenwirkungen: Regelschmerzen; verstärkte Blutung; Blutungsstörungen; Eileiterentzündungen vor allem bei jungen Frauen; mögliche Unfruchtbarkeit; Eileiterschwangerschaften; Fehlgeburten
Für wen geeignet: Ältere Frauen mit Kindern bzw. Frauen, deren Familienplanung abgeschlossen ist
Sicherheit: Sicher

Methode: Hormonspirale

Wirkung/Anwendung: Verhindert Aufbau der Gebärmutterschleimhaut durch gestagenhaltige Hormone; verursacht zähflüssigen Zervixschleim. Wird vom Frauenarzt/von der Frauenärztin eingesetzt, ist mindestens fünf Jahre wirksam
Vorteile: Vgl. Spirale; schwächere und weniger schmerzhafte Perioden
Nachteile/mögliche Nebenwirkungen: Anfänglich können depressive Verstimmungen, Gewichtsveränderungen, Brustspannen, Kopfschmerzen und Übelkeit auftreten; unregelmäßige Blutungen
Für wen geeignet: Vgl. Spirale, soll auch für junge Frauen geeig-

net sein. Falls sie noch keine Kinder haben, kann das Einsetzen durch eine Weitung des Gebärmutterhalses erschwert sein
Sicherheit: Sicher

Methode: Hormonimplantat

Wirkung/Anwendung: Verhindert den Eisprung; verfestigt die Gebärmutterschleimhaut für die Spermien; Hormonstäbchen wird vom geschulten Arzt/von der geschulten Ärztin in den Oberarm eingepflanzt; drei Jahre wirksam
Vorteile: Keine regelmäßige Einnahme bzw. Verwendung nötig; hohe Sicherheit; lang anhaltender Verhütungsschutz
Nachteile/ mögliche Nebenwirkungen: Nebenwirkungen ähnlich der Pille; bei vorzeitiger Entfernung ein teures Präparat; unregelmäßige Blutungen
Für wen geeignet: Frauen, denen hohe Sicherheit wichtig ist; die mit regelmäßiger Einnahme Schwierigkeiten haben; Frauen, die sich für drei Jahre auf eine Verhütungsmethode festlegen können bzw. solange verhüten wollen
Sicherheit: Sehr sicher

Methode: Dreimonatsspritze

Wirkung/Anwendung: Verhindert in erster Linie den Eisprung; muss alle drei Monate vom Arzt/von der Ärztin gespritzt werden
Vorteile: Sicherheit, ohne daran denken zu müssen
Nachteile/ mögliche Nebenwirkungen: Schlechte Verträglichkeit bei vielen Frauen; bei Unverträglichkeit müssen die drei Monate durchgehalten werden; Kopfschmerzen, Nervosität, Depressionen, Akne
Für wen geeignet: Für Frauen, die einen normalen Zyklusverlauf haben und andere Methoden nicht vertragen
Sicherheit: Sicher

Methode: Vaginalring

Wirkung/Anwendung: Wirkung ist mit der Pille zu vergleichen. Ring wird von der Frau selbst in die Scheide eingeführt und drei Wochen in der Scheide belassen. Nach drei Wochen entfernt die Frau den Ring und es tritt in der darauf folgenden einwöchigen Pause normalerweise die Regelblutung ein. Nach dieser Pause wird erneut ein Ring eingeführt

Vorteile: Einfache Handhabung, keine tägliche Erinnerung nötig

Nachteile/ mögliche Nebenwirkungen: Kopfschmerzen, Scheidenentzündungen, Ausfluss aus der Scheide

Für wen geeignet: Frauen, die hormonell verhüten wollen, ohne täglich daran denken zu müssen und die Eigenverantwortung wünschen

Sicherheit: Sehr sicher

Methode: Verhütungspflaster

Wirkung/Anwendung: Wirksamkeit vergleichbar mit hormonellen Verhütungsmitteln. Es wird selbstständig auf bestimmte Stellen des Körpers aufgeklebt und am 8. und 15. Zyklustag gewechselt. In der vierten, pflasterfreien Woche kommt es zu einer Blutung

Vorteile: Bequeme, leicht anzuwendende hormonelle Verhütungsmethode mit einer geringen Belastung vor allem für die Leber

Nachteile/ mögliche Nebenwirkungen: Es können unregelmäßige Blutungen auftreten, Brustbeschwerden, Kopfschmerzen, Reaktionen an dem Haftort des Pflasters und Übelkeit

Für wen geeignet: Frauen, die sicher und ohne täglichen Einnahmerhythmus hormonell verhüten möchten

Sicherheit: Sehr sicher

Methode: Diaphragma

Wirkung/Anwendung: Verhinderung einer Befruchtung, indem der Zugang zur Gebärmutter durch eine Gummikappe versperrt wird; Anwendung mit samenabtötendem Gel oder Creme; für Frauen unabhängig vom Partner einzusetzen (aber auch mit oder durch den Partner); muss individuell angepasst werden; Anleitung und Übung notwendig; bei erneutem Geschlechtsverkehr zusätzliches Gel oder Creme nachgeben

Vorteile: Relativ einfach; situative Anwendung, wenn nötig; kein Eingriff in Körpergeschehen

Nachteile/ mögliche Nebenwirkungen: Übung erforderlich; evtl. Einschränkung sexueller Spontaneität; die spermaabtötenden Cremes/Gels können Reizungen am Penis hervorrufen

Für wen geeignet: Frauen, die keine Scheu haben, sich selbst zu berühren, eine nebenwirkungsarme Methode suchen

Sicherheit: Sicher

Methode: lea contraceptivum

Wirkung/Anwendung: Wirkung wie beim Diaphragma; zusätzliche Schlaufe zum Entfernen und Abflussventil für Zervixsekrete und Menstruationsblut; erhöhte Sicherheit durch zusätzliche samenabtötende Cremes oder Gels

Vorteile: Kann 48 Stunden in der Scheide bleiben; damit wird höhere Spontaneität möglich als bei anderen Barrieremethoden

Nachteile/mögliche Nebenwirkungen: Übung erforderlich; Austausch nach 6–9 Monaten; dadurch teurer

Für wen geeignet: Frauen, die keine Scheu haben, sich selbst zu berühren, eine nebenwirkungsarme Methode suchen

Sicherheit: Sicher

Methode: Portiokappe

Wirkung/Anwendung: Wirkung wie beim Diaphragma, zusätzlicher Schutz durch samenabtötende Cremes oder Gels
Vorteile: Situatives, nicht gesundheitsschädigendes Mittel der Verhütung
Nachteile/ mögliche Nebenwirkungen: Kann abrutschen; erfordert viel Geschick im Einsetzen
Für wen geeignet: Als Alternative für Frauen, die z. B. das Diaphragma nicht benutzen können
Sicherheit: Nicht sehr sicher

Methode: Natürliche Methoden der Familienplanung

Wirkung/Anwendung: Ermittlung der fruchtbaren bzw. unfruchtbaren Tage; bestehend aus Temperaturmessung und Schleimbeobachtung; Analyse der Daten; Interpretation muss erlernt werden (Kurse, Beratungsstellen, Bücher); tägl. Temperaturmessen und Schleimbeobachtung
Vorteile: Kein Eingriff in Körpergeschehen; Möglichkeit zur Selbsterfahrung und Körperbeobachtung
Nachteile/ mögliche Nebenwirkungen: Nicht ganz einfach; erfordert Disziplin; regelmäßig längere Enthaltsamkeit oder anderes Verhütungsmittel erforderlich
Für wen geeignet: Frauen, die eine natürliche Alternative suchen; Lust haben, ihren Körper kennenzulernen; mit geregeltem Lebensrhythmus; die auf Spontaneität verzichten können; bei denen der Partner mitverantwortlich ist
Sicherheit: Relativ sicher

Methode: Technische Hilfsmittel zur Eisprungberechnung

Wirkung/Anwendung: Fruchtbare bzw. unfruchtbare Tage im Zyklus werden mit Computern errechnet, ausgewertet und angezeigt

Vorteile: Hilfsmittel, um durch gezielten Geschlechtsverkehr an fruchtbaren Tagen schwanger zu werden

Nachteile/ mögliche Nebenwirkungen: Keine sichere und teure Verhütungsmethode

Für wen geeignet: Für Frauen, die schwanger werden wollen, für Frauen, die ohne Nebenwirkungen verhüten wollen, aber dafür mangelnde Sicherheit in Kauf nehmen

Sicherheit: Nicht sehr sicher

Methode: Chemische Methoden

Wirkung/Anwendung: Cremes, Gels, Zäpfchen bilden zähen Schleim vor Muttermund, 10 Minuten Wartezeit; Studieren der Packungsbeilagen besonders wichtig

Vorteile: Einfache Anwendung; rezeptfrei; situative Anwendung; wenn nötig

Nachteile/ mögliche Nebenwirkungen: Wärmegefühl und/oder Brennen in der Scheide und am Glied; kann sich verflüssigen und auslaufen; in Kombination mit Kondomen kann Gummi durch manche Präparate angegriffen werden

Für wen geeignet: Als einzelne Verhütungsmethode nicht zu empfehlen

Sicherheit: unsicher

Methode: Sterilisation

Wirkung/Anwendung: Unterbricht Ei- bzw. Samenleiter; operativer Eingriff erforderlich; bei Frau meist stationär in Narkose; beim Mann ambulant mit örtlicher Betäubung

Vorteile: Nach erfolgreichem Eingriff keine Angst vor ungewollter Schwangerschaft haben zu müssen; keine Beschäftigung mit Verhütung

Nachteile/ mögliche Nebenwirkungen: Vorübergehend Wundschmerzen; endgültige Entscheidung, die kaum rückgängig gemacht werden kann

Für wen geeignet: Frauen und Männer ohne weiteren Kinderwunsch; feste Beziehung; am besten über 35; keine Partnerschaftsprobleme

Sicherheit: Sehr sicher

Methode: Pille danach (Monopräparat)

Wirkung/Anwendung: Genaue Wirkungsweise ist nicht bekannt. Wahrscheinlich Unterdrückung des Eisprungs, lediglich eine Notfallmaßnahme; verschreibungspflichtig; „Pille danach" muss bis spätestens 72 Stunden nach dem ungeschützten Geschlechtsverkehr eingenommen werden

Vorteile: Notfallmöglichkeit, eine ungewollte Schwangerschaft zu verhindern

Nachteile/ mögliche Nebenwirkungen: Blutungsstörungen, Übelkeit, Schmerzen im Unterleib, Schwindel, Kopfschmerzen und Erbrechen; Präparat ist nebenwirkungsärmer als bisheriges Kombipräparat

Für wen geeignet: Für Frauen, die im Notfall bei Verhütungspannen und Nichtgebrauch von Verhütungsmitteln nicht schwanger werden wollen

Sicherheit: Relativ sicher

Methode: Spirale danach

Wirkung/Anwendung: Verhindert die Einnistung eines evtl. befruchteten Eis. Eine herkömmliche Spirale wird bis fünf Tage nach einem ungeschützten Geschlechtsverkehr eingesetzt

Vorteile: Notfallmöglichkeit, eine ungewollte Schwangerschaft zu verhindern

Nachteile/ mögliche Nebenwirkungen: Vgl. Spirale

Für wen geeignet: Nur für den Notfall; für die Frauen geeignet, die langfristig mit der Spirale verhüten wollen

Sicherheit: Relativ sicher

Ungewollt schwanger

Wir wollen dir eine Geschichte erzählen, die sich so oder ähnlich auch in deinem Freundeskreis abgespielt haben könnte.

„Seit Tagen überfällig! Mist!", denkt Mia und panisch schieben sich Fragen in ihren Kopf: „Das kann eigentlich nicht sein! Wir wollten ja eigentlich nicht. Doch dann die gute Stimmung auf der Party. Okay, ein Glas Wein. Beim Ersten Mal passiert` s doch nicht - oder? Was, wenn doch? Was werden meine Eltern sagen, was Stefan?"

Zuerst war es für alle Beteiligten ein Schock, besonders für Mias Eltern. Sie ist 17 und schwanger. Doch eine Abtreibung kommt weder für ihren Freund Stefan noch für sie in Frage, auch wenn der Gedanke daran die Gesamtsituation wesentlich erleichtert hätte. Schnell abtreiben lassen, ohne dass irgendjemand etwas davon erfährt? Das ist doch kein Problem heute! Den meisten ist zwar klar, was die Bibel von Abtreibung hält, doch wenn man plötzlich mittendrin steckt … Im Fall von Mia und Stefan haben sich die beiden die Entscheidung nicht leicht gemacht. Letztendlich war es die uneingeschränkte Zusage beider Eltern, sie auf dem Weg zur Familie zu unterstützen. Auch das Gespräch mit ihrem Pastor und in einer Beratungsstelle sowie ihre Überzeugung, dass die biblischen Maßstäbe lebensbejahend sind und dass Gott es gut mit ihnen meint, halfen ihnen sich für das Kind zu entscheiden.

Teenagerschwangerschaften

Mia und Stefan sind kein Einzelfall. Im Jahr 2005 fällten laut Statistischem Bundesamt 6.588 Teenager zwischen 15 und 18 Jahren eine Entscheidung gegen ihr Kind. 659 Mädchen unter 15 Jahren wurden schwanger und machten ebenfalls die Erfahrung einer Abtreibung. Zahlen, die erschreckend hoch sind. Das Wissen über Sexualität ist in unserer aufgeklärten Gesellschaft nicht so ausgeprägt, wie man meint. 42 Prozent der in einer Studie befragten 11- bis 17-Jährigen gaben an, sie hätten sich noch gar keine Gedanken über Aids gemacht. Fast zwei Drittel (63 Prozent) der Jugendlichen räumten ein, dass sie nicht genug über Verhütung Bescheid wüssten. Jeder Vierte hielt z. B. die für Notfälle gedachte „Pille danach" für ein normales Verhütungsmittel. Ebenso viele glaubten, dass „Aufpassen" durch einen Koitus interruptus (den Penis vor dem Samenausguss aus der Scheide ziehen) ein wirksamer Schutz vor ungewollter Schwangerschaft sei.

Die heutige Jugend sei keine „Generation sorglos", aber eine „Generation Ich-weiß-nicht-so-genau", zogen die Autoren der Studie Bilanz.

Wenn man sich Gottes Idee von Sexualität nähern will, gehört auch eine gute biologische Grundlage dazu. Wollen wir einen kleinen Test wagen?

Teste dich

a) Wie lange können Spermien im Körper einer Frau überleben?

b) Wie lange ist die Eizelle in einer Frau befruchtungsfähig?

c) Welches Verhütungsmittel schützt als Einziges vor sexuell übertragbaren Krankheiten?

d) Wann beginnt das Herz eines Embryos zu schlagen und wie groß ist er dann?

Die Antworten findest du am Ende des Kapitels.

Ungewollte Schwangerschaften

Ungewollte Schwangerschaften können aber auch auf einen ganz anderen inneren Konflikt hinweisen. Vieles in unserem Leben läuft nicht von uns bewusst gesteuert ab. Es unterliegt unbewussten Beweggründen. Auf diesem Hintergrund ist es auch zu verstehen, wenn die Frage der Verhütung durch ein Paar vernachlässigt wurde. Es ist nicht immer Leichtsinn.

Eine ungewollte Schwangerschaft kann auch ganz andere Motive haben und auf tiefe innere Bedürfnisse schließen.

Geborgenheit zu erleben ist eines der frühesten Bedürfnisse des Menschen überhaupt.
Wird dieses Grundbedürfnis in deinem Elternhaus gestillt?
Kannst du erleben, wie es ist, getragen zu werden oder sich geborgen zu fühlen?

Nur wer das Gefühl der Geborgenheit verinnerlichen konnte, muss ihm nicht auf anderen Wegen nachjagen wie z. B. durch Drogenkonsum oder verfrühte Sexualkontakte. Manches Teenagermädchen möchte mit einer „ungewollten" Schwangerschaft ihr nicht gestilltes Bedürfnis nach Geborgenheit befriedigen. Ein Kind im Bauch zu tragen ermöglicht ihr diese Erfahrung.

Sehr häufig haben erste Sexualkontakte für Mädchen nicht die sexuelle Befriedigung zum Ziel, sondern den einfachen Wunsch, Liebe, Zärtlichkeit und Geborgenheit zu erfahren.

Mit einem Baby im Bauch kann man erneut ein Stück eigenes Kindsein erleben. Manche Mädchen versuchen, über diesen Weg ihr angeschlagenes Selbstwertgefühl aufzubauen. Muttersein bedeutet Verantwortung zu übernehmen, Bedeutung zu gewinnen und dem Leben einen neuen Sinn zu geben. Vielleicht steht auch ein wichtiger Entwicklungsschritt im Leben an. Eine Schwangerschaft kann dann helfen, die notwendige Ablösung vom Elternhaus herbeizuführen.

Mit einer Schwangerschaft endet die Jugendzeit abrupt

Die Jugendzeit ist schlagartig beendet, wenn du schwanger bist. Erwachsenenprobleme müssen nun bewältigt werden, obwohl du eigentlich noch ein Jugendlicher bist. Existenzielle Fragen stellen sich:
Kannst du die Schule oder die Ausbildung beenden?
Was ist mit einem Studium?
Wie kann man alles bezahlen?
Was ist, wenn der Vater des Kindes die Mutter nicht unterstützt, wie das leider häufig der Fall ist?
Was ist, wenn die Eltern sich gegen dich und dein Kind stellen?
Häufig überfordern diese Fragen die Teenagermütter in einem solchen Übermaß, dass die Seele zu anderen „Tricks" greift, um eine bewusste Entscheidung für oder gegen das Kind gar nicht

treffen zu müssen: Die Schwangerschaft wird einfach nicht bemerkt. Andere jugendliche Schwangere zeigen äußerlich keine emotionalen Reaktionen und lassen anscheinend „ohne Probleme" abtreiben. Das Gefühlsleben wirkt wie eingefroren. Wieder andere erkämpfen für sich ihre Entscheidung und setzen sich intensiv mit der Tatsache auseinander und bearbeiten ihren inneren Konflikt.

Beratung hilft

Bei der Klärung vieler Fragen rund um eine Schwangerschaft können die Schwangerenberatungsstellen vor Ort Hilfe anbieten. Solltest du oder eine Freundin schwanger sein und du weißt nicht, was du machen sollst, wende dich an eine dir vertraute Person oder an eine Beratungsstelle. Die Adresse findest du im Telefonbuch. Wenn du Rat brauchst, kannst du auch am Ende des Buches unsere Mailadresse einsehen und nutzen.

Beratungsstellen sind Orte, wo du alle Sorgen und Probleme, die eine ungewollte Schwangerschaft aufwirft, in einem geschützten Raum besprechen kannst.

Dein Gesprächspartner ist absolut zur Verschwiegenheit verpflichtet und darf mit niemandem über ein solches Gespräch reden. Du kannst eine Freundin oder einen Freund dorthin mitnehmen. Die Gespräche führen Frauen und Männer, die eine spezielle Qualifikation in diesem Bereich nachweisen können. Sie sind vom Gesetz her verpflichtet, auf das Lebensrecht des ungeborenen Kindes hinzuweisen. Sie müssen alle Möglichkeiten mit dir besprechen, die für eine Entscheidung für oder gegen die Austragung des Kindes sprechen. Dabei nehmen sie dir nicht die Entscheidung ab, geben dir jedoch alle erdenkliche Unterstützung.

Junge Teenagermütter haben unter anderem folgende Möglichkeiten der Unterstützung:

- ◉ Alle finanziellen Probleme und möglichen Hilfen können in der Beratung besprochen werden.
- ◉ Die Begleitung durch eine Beratungsstelle kann weit über das erste Gespräch hinaus erfolgen.
- ◉ Mädchen, die aus unterschiedlichen Gründen nicht in ihrer Familie bleiben können, erhalten die Möglichkeit, in einer Mutter-Kind-Einrichtung oder Wohngruppe mit sozialpädagogischer Begleitung leben zu können.
- ◉ Das Jugendamt ist verpflichtet, die junge Mutter in allen Belangen zu unterstützen, um ihr das Leben mit dem Kind wie auch die schulische oder berufliche Ausbildung weiter zu ermöglichen.

Schwangerschaftsabbruch

Mit der Entscheidung für einen Abbruch ist zwar das vordergründige Problem beseitigt, doch die dahinter stehende seelische Not nicht bearbeitet. Obwohl dieser Schritt für die momentane Lebenssituation das geringere Übel zu sein scheint, rührt er an tiefe seelische Schichten unseres Menschseins, die wir mit dem Verstand nicht erfassen können. Auch wenn die Entscheidung gegen die Austragung gerade bei Teenagern emotional und rational nachvollziehbar sein kann, muss deine Seele immer den Tod eines Kindes verarbeiten.

Die offenbar weit verbreitete Haltung, dass ein Abbruch nichts weiter als die Entfernung eines „Fremdkörpers" sei, ist oberflächlich und dämlich.

Denn noch bevor eine Schwangerschaft erahnt werden kann, hat sich dein Körper auf die neue Situation eingestellt und erste Bindungen zum neuen Lebewesen aufgebaut. Die Seele kann auf einen solchen Eingriff Jahre und auch Jahrzehnte danach noch reagieren. Häufig beobachtete Reaktionen bei Teenagern nach Schwangerschaftsabbrüchen sind:

- Trauer
- depressive Reaktionen
- Angst
- bewusste Schuldgefühle
- unbewusste Schuldgefühle (Hinweis aufgrund heftiger Abwehrreaktionen oder Traumerlebnisse)
- keine emotionalen Reaktionen
- erneute Schwangerschaft

Aber auch in diesem Fall gilt: Gottes Wege und Möglichkeiten in schwierigen menschlichen Situationen sind unbegrenzt und können Segen selbst aus unserem Versagen erwachsen lassen. Außerdem gilt auch hier, wie wir noch näher in Kapitel 19 ausführen werden, dass keine Schuld zu groß wäre, als dass Jesus sie nicht für uns getragen hätte!

Teste dich

Und hier die Antworten zu unserem kleinen Test:
   a) Bis zu 7 Tagen
   b) Ca. 12-24 Stunden
   c) Das Kondom
   d) Ca. 6. Schwangerschaftswoche / wie ein Apfelkern

KAPITEL 12

Sexualität heute – ein gesellschaftliches Verkehrschaos

In diesem Kapitel wollen wir versuchen, dir einen Überblick über die sexuelle Situation, in der du aufwächst, zu geben.

Was denkt die Gesellschaft über Sexualität und was ist Sexualität eigentlich?

Deine Art Sexualität entsteht aus vielen Faktoren

Eine wissenschaftliche Definition, was man unter menschlicher Sexualität versteht, gibt es nicht. Und das ist auch gut so. Sexualität ist unserer Überzeugung nach von Gott in deinen genetischen Code eingebaut. Doch wie ein Mann oder eine Frau sie erlebt und spürt, regeln nicht nur die Gene. Da gibt es ein komplexes Zusammenspiel von sozialen, psychischen und gesellschaftlichen Faktoren, die deine sexuelle Empfindsamkeit und Ansprache in der Entwicklung vom Baby bis zum alten Menschen beeinflussen. Sexualwissenschaftler sind heute der Meinung, dass sich deine sexuellen Präferenzen, also ob du dich hetero-, homo- oder asexuell fühlst, im Laufe deines Lebens ändern können.

Kulturelle Einflüsse

Ebenso entscheiden die kulturellen Gefüge wesentlich darüber, wie ein Mensch seine Sexualität erlebt oder ausleben kann. Unter dem Einfluss der Kirche wurde die Sexualität z. B. im Mittelalter stark reglementiert. Da durftest du nur mit jemandem schlafen, wenn du die Absicht hattest, ein Kind zu zeugen. Fortpflanzung war der einzig vorstellbare Aspekt von Gottes Idee von Sexualität. Und da die Gleichwertigkeit der Geschlechter, wie sie Gottes Idee von Sexualität entspricht, von den herrschenden Männern massiv unterdrückt wurde, wurde den Frauen das sexuelle Erleben weitgehend abgesprochen.

Viele Entwicklungen und Strömungen waren seitdem zu beobachten. In den letzten Jahrzehnten veränderten sich in Deutschland die gesellschaftlichen Moralvorstellungen über Sexualität zum einen dramatisch und revolutionär, zum anderen schleichend und unbemerkt. Jugendliche deines Alters wachsen heute in anderen kulturellen Gefügen auf als noch deine Eltern oder gar Großeltern.

In dieser Gesellschaft musst du agieren und deinen Platz finden ohne vorgegebene Rollenmuster, an denen sich noch die Generationen vor dir orientiert haben.

Individualismus, Pluralismus und Neosexualität

Schlagworte wie Individualismus (scheinbar unbegrenzte Selbstverwirklichung) und Pluralismus (u.a. Vervielfachung der Lebens- und Liebesformen) hast du bestimmt schon einmal gehört, weil sie in jedermanns Mund sind und das Zeitgeschehen charakterisieren.

„Anything goes" (alles ist erlaubt) ist das große Schlagwort unserer Gesellschaft und beschreibt auch die sexuellen Verhältnisse.

Alte Werteordnungen verlieren ihren Absolutheitsanspruch und werden neben vielen anderen Meinungen und Wahrheiten geduldet. Prof. Volkmar Sigusch, Sexualwissenschaftler am Frankfurter Institut für Sexualwissenschaften, hat dafür extra ein neues Wort erfunden, nämlich den Begriff „Neosexualitäten", um eine

Vielfalt von sexuellen Formen mit einem Wort zusammenfassen zu können. Zu den Neosexualitäten gehören unter anderem:

Transsexualismus

Ein Mensch gehört körperlich eindeutig dem männlichen oder weiblichen Geschlecht an, empfindet sich jedoch als Angehöriger des anderen Geschlechts und strebt danach, sich auch körperlich diesem Geschlecht so gut wie möglich anzunähern.

Fetischismus

Eine Fixierung auf einen unbelebten Gegenstand, den sogenannten Fetisch (z. B. Sexspielzeug, Schuhe, Windeln, Piercings, Lack oder Leder). Der Gegenstand dient als Ersatzobjekt für den gewöhnlichen Sexualakt mit Partner.

Sadomasochismus

Ein Spektrum sexuell geprägter Praktiken, die sich auf das einvernehmliche Zufügen oder Erleiden von Macht, Schmerzen, Demütigungen oder Freiheitsbeschränkungen richtet.

All diese Dinge werden heute nicht mehr als Krankheit betrachtet. Zudem gibt es neue Formen von Sexualität, wie z. B. die Objektophilie. Sie beschreibt Menschen, die sich in Objekte verlieben, zum Beispiel in ein Schiff. Als asexuell bezeichnen sich Menschen, die kein sexuelles Verlangen haben und sich dazu öffentlich bekennen.

Wer oder was prägt deine Sexualität?

In diesem Kontext durchlebst du als Jugendlicher deine sexuelle Entwicklung und verinnerlichst deine Vorstellungen über Sexualität, Männerbilder und Frauenbilder. Diese werden gespeist durch Musikclips, Printmedien, Schule oder Familie und seltener durch eine christliche Gemeindekultur. Es entstehen ganz unterschiedliche Prägungen. Aus diesem Grund solltest du dich nicht wundern, wenn in deinem Jugendkreis völlig unterschiedliche Meinungen, Erfahrungen und Ideen zum Thema Sex kursieren.

Als bedeutsame Entwicklung ist anzuerkennen, dass du Sexualität heute meist beglückender und lustvoller erleben kannst als deine Eltern. Häufig gingen bei deinen Eltern heftige Schuldgefühle und Ängste mit den ersten sexuellen Erfahrungen wie Küssen, Petting oder Masturbation einher. Historisch gesehen ist die jetzige Konstellation etwas absolut Neues, besonders im Blick auf die Selbstbestimmung junger Mädchen und Frauen. Über die Jahre führte der Trend zu einer veränderten Einstellung der Geschlechter zur Sexualität.

Ging es früher um den „Trieb des Mannes" und den „Orgasmus der Frau", gehen Partner heute in den Dialog mit der Frage: „Wie können wir eine gute sexuelle Beziehung führen?"

Mädchen machen Dampf

Sehr viel häufiger geht die sexuelle Initiative mittlerweile von den Mädchen und seltener von den Jungen aus. Teilweise agieren Mädchen dabei sehr aggressiv. Beobachtete Erfahrung von Eltern ist, dass sich immer mehr Jungen „überfahren", teilweise sogar unter Druck gesetzt fühlen, sexuell aktiv zu werden. Das ist wenig erfreulich. Positiv ist aber, dass die Annäherung der Geschlechter zueinander und zu Gottes Idee von der Gleichwertigkeit der Geschlechter in dieser, zuweilen bedauerlicherweise aggressiven, Initiative sichtbar wird.

Wann wurdest du aufgeklärt und wie?

Kinder sind heutzutage spätestens ab der vierten Klasse aufgeklärt. Sexualität hat für uns und sicherlich auch für dich ihren Sonderstatus verloren und wird nicht mehr als das Wichtigste empfunden, jedoch als etwas Unterhaltsames und das Leben Bereicherndes gesehen. Der Trend, der sich in den 90er Jahren etablierte, prägt vielfach das Bewusstsein heutiger Jugendlicher ab 13 Jahren: „Hauptsache es macht Spaß!" oder: „ Sex ist so schön wie Ski fahren und das will was heißen." Prof. Dr. Gunter Schmidt, Sexualforscher an der Universität Hamburg, beobachtet, dass sich sexuelles Verhalten allen hinderlichen Einflussgrößen (moralische Urteile, einschränkende Verhaltensregeln) entzieht und Verhandlungssache ist.

Sexuelles Gefühl und Erleben sind Ausdruck des persönlichen Lebensstils, und wie Sexualität ausgelebt wird, welche Praktiken und Grenzen zum Tragen kommen, entscheiden die Beteiligten.

Alleine die Prinzipen der Gleichberechtigung (Alles ist erlaubt, vorausgesetzt die Beteiligten willigen ein.) und Fun-Faktor (Hauptsache, es macht Spaß!) sind entscheidende Kriterien. Zusammengefasst kann man sagen, dass die neue Sexualmoral friedlicher, kommunikativer, rationaler und berechenbarer geworden ist – mit einem Wort: herrschaftsfrei und das ist ja schon einmal ein positiver Aspekt, der in die Richtung von Gottes Idee von Sexualität weist.

Willst du gerne eine Partnerschaft leben?

Für junge Menschen stellt der Wunsch, in einer Partnerschaft zu leben, einen wesentlichen Wert für ihr Leben dar, auch hier ein weiterer positiver Aspekt in Richtung Gottes Idee. Doch vielfach fehlen ihnen die passenden Vorbilder und Lernmöglichkeiten, sodass dieser Wunsch nach einer gelingenden Partnerschaft häufig nicht aufgeht.

Welche Vorbilder für die Partnerschaft gibt es in deinem Leben?

Wie ist deine familiäre Vorbildsituation?

Der Trend in den Großstädten geht hin zur Kleinstfamilie, die aus einem Erwachsenen und einem Kind besteht. Mehr als jede dritte Ehe wird wieder geschieden. Die Herkunftsfamilie verliert zunehmend an Bedeutung. Der Druck durch Freunde und Gesellschaft, so früh wie möglich sexuell aktiv zu werden, nimmt den Spielraum, Beziehung auf anderen Ebenen zu entwickeln und auszuprobieren – ohne gleich durch Ängste einer möglichen Schwangerschaft oder auch Abtreibung die „Leichtigkeit der Jugendzeit" aufs Spiel zu setzen.

Der Erfahrungshintergrund von unzuverlässigen Beziehungen und ständig wiederkehrende Enttäuschungen lassen verstärkt die Beobachtung zu, dass sich nicht nur Erwachsene, sondern auch Jugendliche zunehmend auf eine andere Welt der Beziehungsmöglichkeiten einlassen – dem Internet.

Hast du schon mal in Partnerbörsen im Internet gechattet?

Da gibt es zum einen die „reale Welt": Hier werden Partnerschaften „live" ausprobiert und gelebt. Begleitet wird dies vom möglichen Scheitern der Beziehung und auch von zwangsläufigen Verletzungen durch Beziehungsabbrüche. Es ist eine wichtige Aufgabe für dich, Beziehungsabbrüche zu bewältigen und in den Lebenslauf zu integrieren. Du brauchst an dieser Stelle eine angemessene und hilfreiche Unterstützung durch deine Freunde oder deine Eltern. Natürlich scheint es einfacher zu sein, „Beziehung" im Internet auszuprobieren. Du kannst unverbindliche Kontakte zu den unterschiedlichsten Menschen rund um den Erdball herstellen, sexuelle Phantasien entwickeln und ausleben. Ist auf den ersten Blickt einfach, bringt dir aber wenig für die wirkliche Beziehungssituation.

Gefährlich ist vielmehr, dass die Prinzipien einer „Internetbeziehung" auf die wirklichen Beziehungen übertragen werden.

Kennst du das? Den Wunsch, Sexualität unabhängig von Beziehung und Partnerschaft zu leben, ohne soziale Verantwortungen wahrnehmen zu müssen? „Beide Welten", so der Sexualpädagoge Uwe Sielert, „sind Quellen von Genuss und Frust."

Macht dir Sexualität Sorgen?

Die gesellschaftlichen Trendentwicklungen scheinen ein sorgenfreies Bild beglückter Teenager aufzuzeigen. Doch das Bild trügt in vielen Fällen. Trotz Aufklärung und leicht zugänglicher Informationen über Sexualität kämpfen Menschen deines Alters mit unterschiedlichen Ängsten und falschen Erwartungen und belasten so ihre Beziehungen.

Hast du schon einmal die Befürchtung gehabt, schwanger zu sein? Wie ist es dir gegangen? 70 % aller Frauen deines Alters gaben an, schon einmal die Befürchtung gehabt zu haben, schwanger zu sein – einhergehend mit enormen psychischen Belastungen.

Hast du schon einmal an das Risiko einer AIDS-Infektion gedacht? Jugendliche in deinem Alter müssen sich mit Fragen der AIDS-Infektion auseinandersetzen. Für den einen oder die andere bedeutete dies schon den schwierigen Gang zum Gesundheitsamt für einen anonymisierten Test, verbunden mit massivem Stress und Ängsten vor einer Ansteckung.

Hältst du deinen Busen für zu klein, deinen Po für zu fett, deinen Penis für zu kurz und deine Muskeln für zu schmächtig? Nicht zu unterschätzen sind die gängigen Schönheits- und Körperideale unserer Gesellschaft, die nicht nur Mädchen, sondern auch Jungen in sinnlose Diätketten und letztendlich gesundheitsgefährdende Essstörungen hineinmanövrieren können. Wie viele Diäten hast du schon versucht?

Hast du schon einmal erleben müssen, in der Disco angegrabscht zu werden? Neben der Angst vor Beziehungsabbrüchen, ungewollten Schwangerschaften und der Gefahr AIDS stellen sexuelle Übergriffe auf Mädchen und Jungen deines Alters eine schwere Beeinträchtigung für eine gute Entwicklung dar. Jedes 3. bis 4. Mädchen und jeder 10. bis 12. Junge erleben sexuelle Übergriffe mit unterschiedlichen Folgeerscheinungen. Sexuelle Gewalt gab es zu jeder Zeit, doch scheint es durch die neue Medienwelt eine neue Dimension der Perversion zu entwickeln.

Ganzheit
und Verschmelzung

Gut gewappnet gegen Feinde sind die Spinnen, die komplizierte, dreidimensionale Netzstrukturen weben und sich in deren Innerem aufhalten. Denn diese „Fadenburgen" sind Frühwarnsysteme. Berührt der Feind an einer Stelle das Netz, spürt die Spinne sofort jede Vibration, egal an welchem Ort sie sich befindet.

So hat sich Gott das auch mit der Welt, dem Leben an sich, der Gemeinschaft der Menschen und der Sexualität gedacht. Grundsätzlich geht es Gott immer um Gemeinschaft. Um welches Thema du dich auch immer gerade drehst, du wirst im Kern wieder auf die Gemeinschaft stoßen. Alles was Gott geschaffen hat, hängt miteinander zusammen. Das wird uns heutzutage unter anderem auch anhand der globalen Umweltkatastrophen immer deutlicher. Wenn man auf der einen Seite der Erde zu viele Abgase in die Luft bläst und an einer anderen Ecke zu viel Wälder abholzt, muss man sich nicht wundern, wenn man auf der anderen Seite der Erde keine Luft mehr bekommt. Aufgrund dieser Idee, dass alles miteinander zusammenhängt, haben die Wissenschaftler die Chaostheorie entwickelt, von der die meisten Menschen zumindest das geflügelte Wort kennen, dass der Flügelschlag eines Schmetterlings im Amazonas-Urwald einen Orkan in Europa auslösen kann.

Auf deinen Alltag bezogen heißt das, wenn du beim Frühstück deine Eltern anmuffelst, musst du dich nicht wundern, wenn du am Abend nicht mit Ausnahmeerlaubnissen überhäuft wirst.

Aber auch du selber bist ein hoch kompliziertes System und damit auch deine Sexualität. Denn Sex gehört zum Leben dazu wie Essen, Trinken oder Schlafen. Beim Essen wissen wir, dass manches unverdaulich ist und du würdest wahrscheinlich nie auf die Idee kommen, einen Stein zu essen. Im Bereich der Sexualität aber nehmen viele Menschen ganz unbekümmert für sie Unverdauliches zu sich und bevölkern später verwundert die psychotherapeutischen Praxen.

Bei Gottes Idee von Sexualität geht es um Ganzheit, um die Sehnsucht nach Verschmelzung und das Einssein mit einem anderen Menschen. Ein falscher Flügelschlag kann verwüstende Stürme in deinem inneren System auslösen.

Wer miteinander schlafen will, muss auch miteinander wach sein können.

Halbe Sachen sind Mist

Sexualität sucht Objekte, an die sie sich heften kann, um zu einem Ganzen zu verschmelzen. Ein Bild davon findest du tatsächlich wieder einmal in der Tierwelt, die so gerne dafür hergenommen wird, um Sexualität zu erklären, weil man sich nicht getraut offen über alles zu reden.

Es gibt in der Tiefsee Anglerfische, bei denen die Männer wieder einmal ungleich kleiner sind als die Frauen. Treffen die beiden aufeinander, heftet sich der kleine Mann inniglich an die Riesenfrau an und verschmilzt mit ihr, wird ein Fleisch mit ihr, bis sie beide sogar einen einzigen Blutkreislauf teilen. Die Frau versorgt den Mann jetzt mit dem Essen, das sie selber frisst und er besamt sie dafür im Gegenzug beständig.

Auch hier ist man doch wiederum froh ein Mensch zu sein und die sexuellen Vorlagen von Fauna und Flora nicht wirklich mitmachen zu müssen. Trotzdem geht es auch bei Gottes Idee von

Sexualität um Ganzheit, um die Sehnsucht nach Verschmelzung und das Einssein mit einem anderen Menschen. Sexualität ist mit einem Bedürfnis nach Intimität verbunden. Wir haben schon im dritten Kapitel darüber gesprochen, dass Gott den Menschen in der Spannung zwischen Mann und Frau geschaffen hat. Die geschlechtlichen Gegenpole ziehen sich an. Das merkst du beinahe täglich. Immer mehr tritt in unserer Zeit die soziale Natur der Sexualität in den Vordergrund. Menschen suchen nach menschlicher Nähe.

Für immer mehr Menschen geht es in der Sexualität vor allem um das Eine: die Erfüllung einer Sehnsucht nach größtmöglicher menschlicher Nähe.

Das zeigen immer mehr Umfragen. Darum nennt Gott in 1.Mose 2,18 das jeweils andere Geschlecht eine Hilfe, die ihm entspricht, ein genau passendes Gegenüber. Damit sagt Gott, dass es weit über den Geschlechtsverkehr hinausgeht, wenn Männer und Frauen zueinander kommen, dass Frauen und Männer aufeinander eingestellt sind und von Anfang an dazu berufen sind, sich gegenseitig zu helfen und beizustehen.

Sexualität ist auch ein Trieb nach Schutz, Fürsorge, Geborgenheit, Anerkennung durch andere und Selbstbestätigung.

Sexualität hat mit dem Kopf zu tun

1.Mose 4,1: „Und der Mensch erkannte seine Frau Eva, und sie wurde schwanger (...).“ Dieser ursprüngliche Gebrauch des hebräischen Wortes „jadah“, das hier mit erkennen übersetzt wird, enthüllt einen vergessenen Bestandteil der Liebe, nämlich ihre kognitive Kraft. Jemanden sexuell zu erkennen bedeutet, den anderen wirklich wahrzunehmen, sich bewusst zu machen, wer er ist, und die geliebte Person in all ihrer Vielfalt zu erfahren. Die Liebe selbst hat kognitive Kraft, hat also mit Wahrnehmung, Lernen, Erinnern und Denken, kurzum der ganzen menschlichen Erkenntnis- und Informationsverarbeitung zu tun. Für jeden, der nach Ganzheit strebt, ist der erotische Impuls auch ein kognitiver Impuls. Das Sexuelle ist eine Art und Weise, den Partner, uns selbst, die Gemeinschaft und die Welt, in der wir leben, zu erkennen. Mehr erkennen heißt mehr lieben und mehr lieben heißt mehr erkennen. Wir teilen uns gegenseitig mit, wer wir sind. Erkennen und Sich-Erkennbar-Machen ist ein und derselbe Akt in der sexuellen Liebe. Hast du das für möglich gehalten?

KAPITEL 14

Sexualität ist der stärkste Antrieb des Menschen

Sexualität ist eine Antriebskraft, die durchaus mit der Atomkraft oder anderen energetischen Potentialen vergleichbar ist.

Genau wie man andere Energien auch nur unter kontrollierten Bedingungen freisetzt, fordert die Bibel auch für die sexuelle Energie einen geschützten Rahmen.

Auf so einen Gedanken kannst du z. B. kommen, wenn du Hohelied 8,4+6f. liest: „(...) Was wollt ihr wecken, was aufstören die Liebe, bevor es ihr selber gefällt! (...) Denn stark wie der Tod ist die Liebe, hart wie der Scheol die Leidenschaft. Ihre Gluten sind Feuergluten, eine Flamme Jahs. Mächtige Wasser sind nicht in der Lage, die Liebe auszulöschen, und Ströme schwemmen sie nicht fort." Diesen geschützten Rahmen abzustecken, darum geht es letztendlich in allen christlichen Verboten, die man zum Thema Sex finden kann.

Sexuelle Erregung entsteht in deinem Kopf. Erotische Reize setzen biochemische und elektrische Reaktionen bei dir in Gang. Vor allem in deinen erogenen Zonen sind viele Reizmelder konzentriert. Werden diese Reizmelder durch Berührung gereizt, werden bestimmte Kontakte geschlossen, Botschaften machen sich auf die Reise in dein Gehirn und dann rollt die Lawine und du denkst, dass nichts mehr diese gewaltige Kraft stoppen kann. Und in der Tat bist du selbst in den allermeisten Fällen nicht stark genug, dich diesen Urgewalten entgegenzustellen. Es gibt nur drei Dinge, die dir an so einem Punkt noch helfen können:

Das eine ist die tiefe Verwurzelung von Gottes Idee von Sexualität in deinem Herzen, das andere ist Gott selbst, dessen Gegenwart du durch Anbetung und Dankbarkeit für diese erotische Situation aktivieren kannst und das dritte wäre ein Eimer eiskaltes Wasser.

Wir raten dir zu den ersten beiden Varianten :-).

KAPITEL 15

Es gibt einen besonderen Umgang der Christen mit Sexualität

Der besondere Umgang von Christen mit Sexualität sollte nicht von kalten Duschen und sportlichen Ermüdungsbemühungen geprägt sein.

Die Frage für einen Christen ist, inwieweit du das Wichtige in deinem Leben vom Sexualtrieb empfängst oder von Jesus Christus.

Du kannst deine Sexualität nach Gottes Idee leben

Es gibt einen besonderen Umgang der Christen mit Sexualität, der von ihrer Zugehörigkeit zu Jesus Christus und von der Idee Gottes von Sexualität geprägt ist und nicht von der Angst vor der Hölle. Das Gute am „gesellschaftlichen Verkehrschaos" ist, dass der Druck von außen abnimmt. Du kannst zu persönlichen Entscheidungen aller Art stehen. Das 2005 in Deutschland gegründete Forum der Asexuellen hat z. B. derzeit rund 2.000 Mitglieder. Es fehlt ihnen nichts. Sie wollen einfach nur keinen Sex haben. Selbst die Zeitschrift EMMA fragt inzwischen immer wieder mal an, ob es manchmal nicht einfach zu früh ist, wenn Teenager miteinander schlafen. Und in einer anderen Zeitschrift konnte man unlängst Courtney Love, die Witwe von Kurt Cobain, nackt abgebildet sehen, während sie im Interview darüber sprach, wie stolz sie auf ihre Tochter sei, dass sie mit 14 Jahren noch nicht einmal einen Jungen geküsst habe. Du musst dich für einen abwartenden Umgang mit Sexualität also nicht mehr verstecken oder entschuldigen oder mit wildesten Argumenten aufwarten.

Es ist nicht abnormal, „christsexuell" zu sein, sich also in seinem sexuellen Verhalten an Gottes Idee von Sexualität halten zu wollen.

Die Erkenntnis, dass regelmäßiger Sex an eine dauerhafte Partnerschaft gebunden ist, setzt sich wieder in der Gesellschaft durch. Nicht immer, aber immer öfter.

KAPITEL 16

Verletzte Sexualität – Umgang mit Grenzen

Eine Frau „hatte ein kleines Haus gekauft. Rings um ihr Haus hatte ein reicher Mann den ganzen Besitz aufgekauft. Er schikanierte die Frau, indem er ständig die Grenzen verletzte. Er lud auf dem Zugang zum Haus seine Baumaterialien ab. Er verstellte den Zugang mit seinen Fahrzeugen. (…) Für die Frau war das nicht nur eine äußere Verletzung. Sie fühlte sich nicht mehr sicher und von allen Seiten bedrängt. Der Nachbar respektierte weder ihre äußere noch ihre innere Grenze." (aus: Anselm Grün: Grenzen setzen – Grenzen achten)

Deine Grenzen – meine Grenzen

Wie geht es dir, wenn du von dieser kleinen Begebenheit liest? Kennst du die Situationen in deinem eigenen Leben, dass jemand anderes deine Grenzen übertreten hat: jemand berührt dich unangenehm, ständig platzt jemand ungefragt in dein Zimmer, Worte verletzten dich?

Grenzen setzen und Grenzen achten ist ein besonderes Thema – gerade im Bereich der Sexualität. Beides musst du lernen, erspüren und immer wieder üben.

Die stark sexualisierte Gesellschaft, in der wir leben, erfordert eine ständige Abgrenzung dagegen, z. B. gegen die Flut erotischer Werbung, pornographischer Vorabendsendungen oder Videoclips auf dem Handy. Trotzdem sind wir Teil dieser Gesellschaft und verinnerlichen unbewusst ihren Zeitgeist. Er vermittelt uns unter anderem wie, wann, wo und mit wem Sex gemacht wird, wie Frauen und Männer heute sein sollten. Ein bedenkenswertes Ergebnis der „Dr. Sommer-Studie" von 2006 ist, dass sich ein Fünftel der Jugendlichen (Mädchen und Jungen!) deines Alters zu dick finden und sich jedes fünfte Mädchen eine Schönheitsoperation schenken lassen würde. Selbst normalgewichtige Mädchen äußern, dass sie zu dick seien. Der Weg zur Annahme des eigenen Körpers wird erschwert oder kann sogar ganz misslingen.

Ich sehe mich, wie du mich siehst?

Es ist für deine Entwicklung enorm wichtig, dass du lernst, dich als Frau oder Mann wohl zu fühlen. Das ist besonders dann schwer, wenn sich alles zu verändern scheint – Körper und Seele. Dazu gehört natürlich das Ausreizen der Frage:
Wie komme ich beim anderen Geschlecht an?
Werde ich wahrgenommen?

Menschen deines Alters, die sehr früh Sexualkontakte eingehen, verfolgen oft nicht in erster Linie den Wunsch, sexuell befriedigt zu werden, sondern wollen für sich die Frage klären:
Bin ich okay?
Magst du mich, wie ich bin?
Bin ich attraktiv für dich? Liebst du mich?

Jugendliche, die nicht vorher verinnerlichen konnten, dass sie durch ihre Eltern, das soziale Umfeld und ihre Jesusbeziehung so geliebt sind, wie sie sind, werden versuchen, über einen anderen Weg ihren Selbstwert zu definieren. Sexualität, Alkohol oder Drogen entsprechen solchen Wegen und werden benutzt, existenzielle und seelische Fragen zu beantworten.
Kennst du solche Jugendlichen?
Fühlst du dich manchmal so?
Auch wenn du zu den Jungen und Mädchen gehörst, denen Respekt, Wertschätzung und Grenzen achtendes Verhalten begegnet sind, kommst du um die Herausforderungen der Teenagerzeit nicht herum. Aber vielleicht fühlst du eine innere Stärke, den Herausforderungen gewachsen zu sein. Du kennst deine Grenzen und kannst andere so respektieren wie sie sind.
Wir wünschen dir jede Menge positives Feedback, Ermutigung und Bestärkung von Menschen, die dir wichtig sind. Durch sie kannst du nämlich Gottes Zuspruch und Liebe sehr deutlich erfahren!

Sexuelle Übergriffe

Leider müssen viele Jungen und Mädchen auch immer wieder erfahren, dass ihre körperlichen, sexuellen und seelischen Grenzen nicht respektiert werden. Viele Jungen und Mädchen erleben im Kindes- und Jugendalter sexuelle Übergriffe.

Damit sind zum Beispiel unangenehme Berührungen der Geschlechtsteile, ungewollte Küsse, Exhibitionismus (Zeigen von Geschlechtsteilen in der Öffentlichkeit) und Pornographie bis hin zur Vergewaltigung gemeint.

Die Übergriffe können von einmaligen Handlungen bis hin zu jahre- oder jahrzehntelangem Missbrauch reichen. Vielleicht kennst du so etwas aus deinem eigenen Leben oder aus dem Leben eines Freundes oder einer Freundin, die Ähnliches erzählt haben. Wer tut so etwas? Manche Männer und Frauen nutzen auf die oben beschriebene Art und Weise Kinder und Jugendliche sexuell aus. Vielfach sind es sogar Menschen, denen du eigentlich vertrauen solltest: Eltern, Großeltern, Tanten, Onkel, Nachbarn, Pastoren, Jugendleiterinnen …

Dabei ist unwichtig, ob du meinst, es wäre aus Versehen passiert oder es war eine einmalige Sache. Kein Mensch hat ein Recht, dich zu berühren, wenn du es nicht willst. Das trifft auch für einen Freund oder eine Freundin zu.

Die Bibel kennt das Problem und berichtet uns von einem Mädchen namens Tamar (2.Samuel 13 ff), die durch ihren Halbbruder vergewaltigt wurde. Die Geschichte von damals zeigt uns, dass diese Taten auch nicht vor christlichen Gemeinden und Familien haltmachen. Die Folgen dieser Übergriffe wirken sich bei jedem Menschen anders aus. Sie reichen auf der Gefühlsebene von Wut, Scham, Angst, Schuldgefühlen, Konflikten bezüglich der eigenen Sexualität bis hin zu Selbstmordgedanken. Auf der Verhaltensebene können sozialer Rückzug, enormer Leistungsanstieg oder -abfall, häufig wechselnde Partner, selbstverletzendes Verhalten, Aggressivität, Depression und Suizid folgen. Die meisten sexuellen Gewalterfahrungen wirken sich traumatisierend aus. Weiterhin wird vielen betroffenen Jungen und Mädchen die Chance genommen, ihre Sexualität zu entwickeln. Sie wird als etwas Schmutziges angesehen und völlig verabscheut. Andere suchen sich Sexualpartner des gleichen Geschlechts, weil sie sich dort geborgen und verstandener fühlen. Wiederum andere sind nicht fähig, eine erfüllte dauerhafte (sexuelle) Partnerschaft einzugehen.

Die Folgen der Übergriffe können viele Jahre oder Jahrzehnte das Leben von betroffenen Jungen und Mädchen beeinträchtigen. Es sei denn, sie nehmen seelsorgerliche Hilfe an.

Grundsätzlich gilt: Wenn du von einem Mädchen oder Jungen hörst, dass sie oder er sexuelle Übergriffe erlebt hat, schenke ihnen Glauben – egal, wie komisch das Erzählte klingen mag. Ermutige sie dazu, mit einem Erwachsenen, einem vertrauenswürdigen Menschen, zu sprechen. Niemand darf mit einer solchen Geschichte alleine bleiben!

Solltest du das Gefühl haben, es gibt etwas in deinem eigenen Leben, dass komisch ist und es ist dir nicht klar, ob es gut oder schlecht war, dann sprich mit jemandem darüber, einer Person, der du vertraust. Du musst keine Schuldgefühle haben. Du bist nicht schuld an dem, was geschehen ist! Hab den Mut und sprich darüber!

Der erste Schritt in Richtung Heilung ist getan, wenn ein Mensch, der von einem solchen Erlebnis betroffen ist, Vertrauen schöpft und ausführlich von seinen Erlebnissen berichtet. Wichtig ist, dass du als Zuhörer die Grenzen des Betroffenen und deine eigenen Grenzen achtest und dir Hilfe holst.

Du kannst uns fragen, wie du dich verhalten sollst. Unsere Mailadresse findest du hinten im Buch.

KAPITEL 17

Von Märchenerzählern und Sexprotzen – es ist nicht alles Gold, was glänzt

Sex unter Spinnen hat keinen guten Ruf. Oft fressen die wesentlich größeren Mädchen die Jungs nach dem Sex auf. Auch die Gottesanbeterinnen machen es so. Mehr als 80 Spezies kennen diesen Liebestod.

Irgendwie hat dieser Ruf auch den Menschen erreicht und nicht wenige spinnen den Faden jetzt weiter. Auch im menschlichen Alltag kann es dazu kommen, dass die sexuelle Vereinigung von Männern und Frauen, wenn sie nicht nur rein physisch bleibt, unsere Ich-Grenzen bedroht.

Unsere so mühsam erworbene und oft wehrhaft verteidigte Identität wird an einem Punkt im Liebesspiel bedeutungslos.

Wir werden sozusagen psychisch gefressen. Der Orgasmus ist wie ein Sterben, wenn er wirklich deinen ganzen Körper und dein ganzes Sein mit erfasst. Im Orgasmus scheinst du dich aufzulösen, was gleichzeitig schön und erschreckend ist. Aus dieser Angst, wie auch aus allen anderen Ängsten, kann dich nur eine vollkommene Liebe erlösen (1.Johannes 4,18). Sexualität nach Gottes Ideen für die Vereinigung von Frauen und Männern zu genießen, ist auf alle Fälle wesentlich gesünder als rumzuspinnen.

Hochglanzvorlage und Wirklichkeit

Auch wenn dir alle Hochglanzmagazine an jedem Kiosk den Himmel auf Erden versprechen, wenn du dich nur endlich in die unendliche Reihe der Sexualaktivisten einreihst, raten wir dir in dieser Hinsicht zu einer gesunden Portion Skepsis. Der US-Sexualtheoretiker John Gagnon sagt dazu: „Es gibt eine Kluft zwischen der Produktion erotischer kultureller Szenarien und dem, was die Menschen tatsächlich tun."

Ungeachtet der medial erzeugten sexuellen Supererwartung wird nämlich in der Wirklichkeit ein großer Prozentsatz aller Hochzeitsnächte vergeigt oder verschlafen und viele Erste Male schmerzen mehr, als dass sie erfreuen.

Manche haben die ganze Sache dann so gefressen, dass sie sich nur noch zurückziehen wollen.

Immer geil, immer bereit?

Ariadne von Schirach (nicht zu verwechseln mit Jesus Sirach, aber ähnlich lebensnah) beschreibt das inzwischen allgegenwärtige sexuelle Hintergrundrauschen in der Welt, in der du und wir leben, in ihrem Buch „Der Tanz um die Lust" treffend so: „Die Frauen sind immer geil und bereit und die Männer, meist auf ihre großen Schwänze reduziert, können und wollen immer. Frauen sind Huren, Männer omnipotente Stecher." (omnipotent=allmächtig) Die sexualisierte Gesellschaft drängt ihre einzelnen Mitglieder geradezu in einen Zwang zur Selbstoptimierung und bringt sie damit unter einen immensen Leistungsdruck. Als wenn du nicht schon genug zu leisten hättest, musst du auch noch in der Sexualität „deinen Mann stehen".

Der sexuelle Alltag kann manchmal ganz schön grausam und ernüchternd sein. Und wenn du Gott aus der Sexualität herausnimmst, kannst du dir, genau wie beim Unterschied von „isch" und „ischa", gehörig die Finger verbrennen.

Dass Gottes Idee von Sexualität sehr realistisch auf unsere gesellschaftlichen und sündigen Gegebenheiten eingeht, kannst du z. B. im 3.Buch Mose sehen, das viele sexuelle Angelegenheiten regelt, oft zum Schutz der damals unterprivilegierten Frauen. Auch Paulus, dem man immer wieder versucht, eine Leibfeindlichkeit zu unterstellen, schreibt in 1.Korinther 7 ganz realistisch über die Sexualität. Er erkennt an, dass sie ein verzehrendes Feuer sein kann und spricht davon, dass man einander Sexualität als eine Schuld der Liebe, als eine freundliche Pflicht schenken soll, um den anderen zu befriedigen. Und daran erinnert Paulus sehr realistisch zuerst die Männer.

Schönste Nebensache oder nebensächlichste Hölle?

Du kannst in der Sexualität viel Gutes, aber auch viel Schlechtes erleben. Es ist auf jeden Fall anders als in Hochglanzmagazinen, aber es ist auch anders als du es in jedem Buch, inklusive diesem hier, lesen kannst. Sexuelle Störungen sind weit verbreitet in der Gesellschaft und die Versorgung mit adäquater Hilfe nicht ausreichend gewährleistet. Auch sexuelle Gewalt ist ein riesiges Problem, worüber Sandy bereits ausführlich in ihrem Buch „Handbuch sexuelle Gewalt" geschrieben hat.

Der Umgang mit Sexualität muss in jeder Partnerschaft neu erlernt und ausgehandelt werden. Ohne über „die schönste Nebensache der Welt" zu reden, bleibt die Sexualität in einer unrealistischen Traumwelt gefangen und kann sich zur nebensächlichsten Hölle der Welt entwickeln.

Wir müssen der Tatsache ins Auge sehen, dass es keine Form einer Schöpfungsentfaltung gibt, bei der der Sündenfall nicht mit im Spiel wäre. Sünde heißt Zielverfehlung, also dass du dich nicht an die Gebrauchsanweisung Gottes gehalten hast, sondern einmal eine andere Anwendungsidee ausprobiert hast. Diese Neigung liegt in allen Menschen seit dem Sündenfall, weil die Beziehung zu Gott durch den Sündenfall gestört ist. Wir brauchen also Regeln, ob uns das nun gefällt oder nicht. Trotzdem dürfen wir dabei die Angst nicht zum Ratgeber werden lassen. Denn Angstgebote werden zwangsläufig zum erdrückenden Gesetz und das reizt erst recht zur Sünde. „Furcht ist (aber) nicht in der Liebe, sondern die vollkommene Liebe treibt die Furcht aus." (1.Johannes 4,18)

KAPITEL 18

Spannende Fragen

In diesem Kapitel wollen wir auf ein paar konkrete Fragen, die wir im Laufe unserer Reisen durch die deutsche christliche Jugendlandschaft gestellt bekommen haben, Antwortteaser geben. Vielleicht wirst du einiges davon als provozierend empfinden und wirst uns vorwerfen, wir hätten das nicht genügend durchdacht. Das ist gut. Denn nachdem du Gottes Idee von Sexualität ein wenig kennengelernt hast, möchten wir dich herausfordern, nun davon ausgehend unsere Antwortvorschläge selbst auch zu überprüfen.

Intimschmuck – Ja oder Nein?
Darf man z. B. seinen Penis piercen?

Warum nicht? Intimschmuck ist Schmuck im Genital- und Afterbereich und schon länger verbreitet als das Piercing an anderen, weniger intimen Stellen. Das Durchstechen von Schwellkörpern in Kitzler oder Glied macht diese Sache nicht ganz ungefährlich. Auch wenn teilweise behauptet wird, es würde sexuell stimulierend wirken, kann es bei Erektionsstörungen oder Impotenz nicht helfen. Gelegentlich kann es bei Geschlechtsverkehr stören oder auch schmerzen. Schmuck zu tragen widerspricht grundsätzlich nicht dem Wort Gottes.

Sollte es dir gefallen und du nach gründlichem Abwägen der Vor- und Nachteile zu dem Ergebnis kommen, es ist für dich okay, spricht nichts dagegen.

Es sei denn, deine Eltern haben noch ein Wörtchen mitzureden ;-).

Darf man schon nach dem Standesamt Sex haben?

Ja. Seit der Reichskanzler Otto von Bismarck am 6.2.1876 mit dem Reichsgesetz über die Beurkundung des Personenstandes und der Eheschließung der Kirche in Deutschland im Rahmen des sogenannten Kulturkampfs das Recht zu trauen weggenommen hat, ist man nach dem Gang zum Standesamt offiziell verheiratet. Das erkennt auch Gott nach Römer 13,1ff an.

Dürfen Christen Dirty Talking machen?

Heikel. Dirty Talking ist eine Form der in den eigentlichen Geschlechtsakt einbezogenen Verbalerotik. Hier geht es darum, den Partner durch das Äußern von „schmutzigen" (dirty) Formulierungen zusätzlich zu erregen. Dazu werden bewusst vulgäre Bezeichnungen für den Geschlechtsakt (ficken etc.) oder die Geschlechtsorgane (Schwanz etc.), oft aber auch im alltäglichen Sprachgebrauch eher abwertende Bezeichnungen für die eigene Person (Schlampe, Luder etc.) oder den Partner (Sau etc.) verwendet. Christen sollten sich fragen, woher das Bedürfnis kommt, den anderen mit Worten zu erniedrigen, wenn es auch nur spielerisch geschieht.

Wenn du den anderen in deinem Herzen nicht erniedrigst oder abwertest, sondern es ein Bestandteil deiner Sexualität ist, der auch deine Partnerin/dein Partner gerne zustimmt, kannst du es in Erwägung ziehen.

Kann Onanieren gesundheitliche Folgen haben?

Höchstens Sehnenscheidenentzündung. Onanieren (Selbstbefriedigung) bezeichnet jede erotisch-sexuelle Stimulierung ohne Beteiligung eines Partners. Der Begriff ist inhaltlich fälschlicherweise abgeleitet aus der biblischen Geschichte von Onan (1.Mose 38,9). Dort wird die Geschichte des Mannes Onan beschrieben, der kurz vor dem Samenerguss sein Glied aus der Scheide der Frau zieht (Koitus interruptus), weil er mit ihr aus bestimmten

Gründen keine Nachkommen zeugen will. Die Auffassung, dass Selbstbefriedigung zu Schwachsinn oder körperlichem Verfall führen kann, hat sich bis in die zweite Hälfte des 20. Jahrhunderts gehalten, entbehrt allerdings jeder medizinischen Grundlage.

Viele Jungen und Mädchen nutzten Selbstbefriedigung, um sich und ihren Körper besser kennenzulernen. Auch dass Gott damit ein Problem haben sollte, erschließt sich für uns nicht aus der oben erwähnten Geschichte. Es gibt auch keine andere Bibelstelle, aus der man diesen Schluss ziehen könnte. In der Partnerschaft stellt Selbstbefriedigung kein Problem dar, wenn sie den Geschlechtsverkehr ergänzt.

Schwierig wird es dann, wenn Selbstbefriedigung mehr Spaß macht als der partnerschaftliche Sex oder sogar die einzige sexuelle Betätigung in einer Partnerschaft darstellt. Dann sollten beide dringend miteinander reden und eventuell fachliche Hilfe in Anspruch nehmen.

Wie weit darf man vor der Ehe gehen?

Schwierige Frage! Das ist letztendlich deine Entscheidung. Niemand kann es dir vorschreiben.

Die Erfahrung lehrt uns, Verbotenes oder Unerlaubtes reizt besonders. Gerade dann, wenn es um erste sexuelle Erfahrungen und dieses bestimmte Kribbeln im Bauch geht.

Und da können sich auch die an die Nase fassen, die sich schon sehr erwachsen fühlen. Der Frankfurter Sexualforscher Martin Dannemann sagt: „Am Verbot wird die Sexualität groß und der Trieb stark." Paulus sagt das in Römer 7,8 so: „Die Sünde aber ergriff durch das Gebot die Gelegenheit und bewirkte jede Begierde in mir; denn ohne Gesetz ist die Sünde tot."

Wenn dir Gottes Idee von Sexualität am Herzen liegt, dann gilt: Cool down, wenn eine Hormonausschüttung stattgefunden hat.

Wie weit darfst du also gehen? So weit, bis deine Hormonausschüttung stattfindet und danach so weit die Füße tragen, denn dann hilft nur noch räumlicher Abstand. Fest steht: Trittst du einmal eine Kuschel-Lawine los, kannst du sie nicht mehr stoppen. Das gilt gerade für romantische Feuerlager, gemütliche DVD-Abende oder ähnlich stimmungsvolle Events. Absolut notwendig ist: Redet miteinander! Klärt ab, welchen Stellenwert Sexualität in eurer Beziehung haben soll? Was willst du, was (noch) nicht? Wie könnt ihr brenzlige Situationen kreativ und humorvoll umgehen?

Was ist mit Homosexualität?

Schwierige Frage! Homosexualität erscheint uns als ein stark emotional besetztes Thema in christlichen Gemeinden. Der Kern des Problems ist die Kluft zwischen Bibelstellen wie 3.Mose 18,22: „Und bei einem Mann sollst du nicht liegen, wie man bei einer Frau liegt: Ein Gräuel ist es", im Neuen Testament bestätigt durch Römer 1,27: „Ebenso haben auch die Männer den natürlichen Verkehr mit der Frau verlassen, sind in ihrer Begierde zueinander entbrannt, indem die Männer mit Männern Schande trieben, und empfingen den gebührenden Lohn ihrer Verirrung an sich selbst" und dem Selbstverständnis eines Menschen, der seine sexuelle Neigung zu gleichgeschlechtlichen Partnern als natürlich empfindet und in seinen Gebeten Gott dafür vielleicht sogar dankt. Wir kennen Menschen, die ihre homosexuelle Neigung ausleben und Jesus von ganzem Herzen lieben. Langzeitbeobachtungen haben ergeben, dass von homosexuell empfindenden Menschen, die sich aufgrund von Gottes Idee von Sexualität umorientieren wollten, nur ein Drittel zu einer Heterosexualität findet. Ein weiteres Drittel empfindet weiterhin homosexuell, lebt aber die Sexualität ähnlich wie Mönche und Nonnen nicht aus. Und ein letztes Drittel lebt weiter homosexuell und betet Jesus an. Wir kommen natürlich am Wort Gottes nicht vorbei und wollen das auch gar nicht.

Trotzdem erleben wir auf der anderen Seite, dass Menschen die augenscheinlich in Sünde leben, wundervolle Dinge für das Reich Gottes tun. Jesus sagt in einem ähnlichen Fall: „Wer von euch ohne Sünde ist, werfe den ersten Stein!" Wir stehen alle an der gleichen Stelle! Das ist eine Spannung, die wir hier unten auf unserm kleinen Planeten nicht auflösen können. Nur Gott ist derjenige, der in das menschliche Herz hineinschauen und es prüfen kann. Ringen wir miteinander und nicht urteilend um die Wahrheit! Der menschenverachtende und brutale, lieblose Umgang mancher Christen mit Homosexualität ist jedenfalls ebenfalls meilenweit von Gottes Idee von Sexualität entfernt.

Dürfen christliche unverheiratete Liebespaare gemeinsam in Urlaub fahren?

Ja. Aber macht für euch klar, was ihr wollt und was nicht. Verinnerlicht vorher Gottes Idee von Sexualität und denkt über die Versuchungen von Strandparties, Sommernächten und der leicht alkoholisierten Nähe eines gemeinsamen Zimmers nach und sprecht darüber, wie ihr dann vorgehen wollt.

Auch hier hilft die Kommunikation wieder mehr als das präventive Verbieten von möglichen Versuchungssituationen.

Dürfen Christen einen Sexshop betreiben?

Ja, sie dürfen unserer Meinung nach. Es wäre sogar eine gute Idee, wenn Christen einen Ort schaffen würden, an dem man Hilfsmittel kaufen könnte, um Gottes Idee von Sexualität zu unterstützen. Wenn sie dort kein pornographisches Material verkaufen, ist es durchaus vorstellbar, dass Christen einen Laden betreiben, in dem man ohne Anfechtung Hilfsmittel für den ehelichen Geschlechtsverkehr, wie Gleitmittel, Penisprothesen, Vibratoren, Reizwäsche und Ähnliches kaufen könnte. In solch einem christlichen Sexshop könnte man in einem diskreten Nebenraum sogar anonymes Gebet für Heilung von sexuellen Störungen und Verletzungen anbieten.

Hält Gott anal und oral für okay?

Warum nicht? Wozu hätte er sonst im Anus ein Lustempfinden eingebaut? Analverkehr erfordert allerdings ein intensives Vorspiel. Du brauchst Zeit, um den Schließmuskel zu dehnen. Du brauchst außerdem viel Feuchtigkeit, entweder durch ausreichend Schweiß oder Speichel oder du verwendest Gleitcremes. Außerdem solltest du auf die Zeit der letzten Nahrungsaufnahme achten und auf den Füllzustand des Darms, denn sonst kann es unangenehm werden. Ihr wollt euch ja auch nicht wehtun.

Auch orale Befriedigung braucht ihre Zeit und Übung. Du musst die Stellen entdecken, die dem anderen guttun. Wenn du als Frau einen Mann oral befriedigst, solltet ihr vorher vereinbaren, ob du sein Sperma schlucken möchtest oder nicht. Es schmeckt leicht salzig, hat keine Kalorien und du tust nichts Ekliges, wenn du es tust. Wenn du es aber nicht willst, dann muss der Mann das akzeptieren. Wenn der Mann allerdings HIV positiv wäre oder eine andere Geschlechtskrankheit hätte, dann sind solche Dinge natürlich tabu. Auch hier zeigt sich Treue und Bindung als der safeste Sex.

Was sind eigentlich häufige Geschlechtskrankheiten und wie äußern sie sich?

Mit sexuell übertragbaren Krankheiten kann sich grundsätzlich jede/r anstecken, der wechselnde Sexualpartner hat und nicht mit einem Kondom verhütet. Sie äußern sich unterschiedlich. Eine letztendliche Abklärung über eine Ansteckung kann nur ein Arzt feststellen. Übertragen werden diese Krankheiten zum einen durch Bakterien (wie z. B. Chlamydien-Infektionen, Gonorrhö oder Syphilis), Viren (wie z. B. Hepatitis A, B, C, D, E und HIV-Infektionen), Pilze, Gliederfüßler (Filzläuse) und auch Würmer. Jugendliche und junge Erwachsene sind im Vergleich zu älteren Menschen häufiger von Chlamydien-Infektionen betroffen, die bei Frauen und Mädchen zu Unfruchtbarkeit führen können. Wichtig ist zu wissen, dass man sich gegen bestimmte sexuell übertragbare Krankheiten impfen lassen kann, wie z. B. HPV-Infektionen oder Hepatitis B. HPV–Infektionen sind verantwortlich für die Entstehung von Feigwarzen und Karzinomen (wie z. B. Gebärmutterhalskrebs).

Kann ein Mädchen trotz Jungfernhäutchen schwanger werden?

Ja. Auch wenn ein Jungfernhäutchen (Hymen) vorhanden ist, kann ein Mädchen durch Petting schwanger werden. Das Jungfernhäutchen verschließt die Scheide nicht, sondern verengt sie nur. Es bleibt eine Öffnung, damit das Menstruationsblut oder Ausfluss aus der Vagina abfließen kann. Umgekehrt können auch Spermien in die Gebärmutter oder die Eileiter wandern. Beim ersten Geschlechtsverkehr kann das Hymen einreißen. Dann spricht man von Entjungferung. Ebenso ist es möglich, dass es bei Petting, bei Selbstbefriedigung oder beim Sport einreißen kann. Es ist auch möglich, dass ein Jungfernhäutchen von Geburt an nicht ausgebildet ist!

Ist es schlimm, wenn man häufig (meist abends) an Sex denken muss?

Nein. Kann bloß peinlich werden, wenn du durch die Straßen ziehst und jedem Mädchen auf die Brust starrst oder du jeden Kerl komisch anschaust und dich fragst, wie er wohl küsst.

Darf man mehrmals hintereinander Geschlechtsverkehr haben?

Ja. Und genieße es mit Danksagung, solange du es kannst.

Sexuelle Sünden sind nicht schwerer zu vergeben als andere Sünden

Unsere Erfahrungen aus der Beratung und Seelsorge zeigen, dass besonders christlich sozialisierte Jugendliche dazu neigen, sexuelle Sünden als die Schlimmsten im Leben eines Christen zu verinnerlichen.

Vor allem vorehelicher Geschlechtsverkehr zählt dazu. Kommt es dann doch zu sexuellen Kontakten, kann bei dir ein schlimmer Konflikt entstehen: Vorehelicher Sex darf unter keinen Umständen sein, und doch ist es mir passiert. Die Folge ist, dass du das Thema Verhütung verdrängst oder wenig informiert bist, weil du damit der Sünde „Tor und Tür" öffnen würden, was ein unter Umständen folgenreicher (Denk-) Fehler ist. Kommt es nämlich dann zu einem ungeschützten Geschlechtsverkehr, ist die Überraschung über eine Schwangerschaft groß. Dann braucht es eine einfühlsame und keine wertende Begleitung.

Der Rat, dass du die Ordnung Gottes, die du in Unordnung gebracht hast, nun gefälligst auch wieder in Ordnung bringen sollst, entbehrt jedenfalls jeglicher biblischen Grundlage.

Jugendliche „Sextäter" müssen ganz im Gegenteil, genauso wie „alte Rammler", eine befreiende Botschaft hören:

Sex bringt nicht in die Hölle! Sexuelle Sünden sind nicht schwerer vergebbar als andere Sünden.

Denn auch hier gilt 1.Johannes 1,9 in vollem Umfang: „Wenn wir unsere Sünden bekennen, ist er treu und gerecht, dass er uns die

Sünden vergibt und uns reinigt von jeder Ungerechtigkeit." Dabei heißt das griechische Wort homologeo, das wir im Deutschen mit „bekennen" übersetzen, zunächst einmal einfach nur „das Gleiche in Bezug auf einen Sachverhalt sagen wie ein anderer". Wenn wir im Hinblick auf eine Abweichung von Gottes Idee von Sexualität Gott zustimmen und das Gleiche wie er darüber sagen, dann gewährt er uns die Gnade des Neuanfangs, er vergibt uns. Und dann wäscht er uns rein von jeder Ungerechtigkeit, das heißt er stellt uns wieder her und richtet die Trümmer wieder auf.

Warum werden christliche Mitarbeiter und Leiter in Gemeinden dann eigentlich immer wieder wegen sexueller Verfehlungen von irgendwelchen Diensten suspendiert? Und warum nur wegen sexueller Verfehlungen?

Oder hast du schon einmal gehört, dass jemand sagt: Ich bin jetzt vom Dienst suspendiert worden, weil ich neidisch war auf den Jugendleiter der anderen Gemeinde? Neid, Habsucht, Machtmissbrauch und dergleichen mehr stehen aber in den Lasterkatalogen des Neuen Testaments wie z. B. Galater 5,19ff oder Epheser 5,3ff auf einer Ebene mit sexuellen Verfehlungen. Sexuelle Sünden haben sicherlich mehr Zerstörungspotential und die dadurch ausgelösten Stürme richten mehr Verwüstung in uns und den anderen an. Das hängt damit zusammen, dass der Mensch im Sex ganz offen und verletzlich wird. Nirgendwo anders kommen sich Menschen so nahe. In 1.Mose 2,24 heißt es, dass ein Mann seiner Frau anhangen wird, was wörtlich „an ihr kleben" bedeutet. Das hebräische Wort „dabak" lässt schon vom Klang her die richtige Vorstellung aufkommen: Mann und Frau werden durch den Sex dauerhaft so miteinander verbacken, dass sie praktisch wie ein Körper, wie eine Person (wie man das Wort für Fleisch auch übersetzen kann) agieren und empfinden. Auch wenn es zum Glück nicht ganz so krass wie bei den Anglerfischen ist, kann man sich jedenfalls in dieser großen Nähe auch am effektivsten verletzen.

Wenn „es" dir also „passiert" ist, dann denke immer daran, dass Gott es gut mit dir meint. Und dass es nichts in diesem Universum gibt, was seiner bedingungslosen Liebe widerstehen könnte.

Gott sucht dich heim und dann will er mit dir eins werden. So betet Jesus jedenfalls in Johannes 17: „Aber nicht für diese allein bitte ich, sondern auch für die, welche durch ihr Wort an mich glauben, damit sie alle eins seien, wie du, Vater, in mir und ich in dir, dass auch sie in uns eins seien, damit die Welt glaube, dass du mich gesandt hast. Und die Herrlichkeit, die du mir gegeben hast, habe ich ihnen gegeben, dass sie eins seien, wie wir eins sind - ich in ihnen und du in mir -, dass sie in eins vollendet seien, damit die Welt erkenne, dass du mich gesandt und sie geliebt hast, wie du mich geliebt hast."

Ist das nicht eine schöne Vorstellung? Und glaubst du ernsthaft, dass ein vorehelicher Geschlechtsverkehr oder was auch immer in dieser intimen Nähe zu Gott noch irgendeine Chance hat? Uns ist jedenfalls nur eine Sünde bekannt, die nicht vergeben werden kann und von der weiß niemand so genau, worum es sich eigentlich dabei handelt (Matthäus 12,31).

Lass dich also in diesem Sinne zu einem Fleisch lieben und liebe selbst auf Teufel komm raus. Und genieße Gottes Idee von Sexualität vielleicht so, wie es der Prediger vorschlägt: „Genieße das Leben mit der Frau, die du liebst, solange du dein vergängliches Leben führst, das Gott dir auf dieser Welt gegeben hat. Genieße jeden flüchtigen Tag, denn das ist der einzige Lohn für deine Mühen." (Prediger 9,9)

Oder auch so, wie es das Hohelied der Liebe formuliert: „Du hast mich verzaubert, mein Mädchen, meine Braut! Mit einem einzigen Blick hast du mein Herz geraubt. (...) Wie glücklich macht mich deine Liebe, mein Mädchen, meine Braut! Ich genieße deine Liebe mehr als den besten Wein. Dein Duft ist bezaubernder als jedes Parfüm. Wie Honig schmecken deine Lippen, meine Braut, ja, süße Honigmilch ist unter deiner Zunge! Und wie der Wald dort auf dem Libanon, so duften deine Kleider! Mein Mädchen ist ein Garten, in dem die schönsten Pflanzen wachsen. Aber noch ist er mir verschlossen. Meine Braut ist eine Quelle mit frischem Wasser, aber noch kann ich nicht davon trinken." (Hohelied 4,9ff)

Noch Fragen?

Dann rede mit uns. Bitte!
Du kannst uns vertrauen.
Wir hören dir zu.

Sandy Hoffmann
hoffmann@netzwerk-beratung.net
http://www.netzwerk-beratung.net

Mickey Wiese
mickey.wiese@email.de
http://www.mickeywiese.de

Notizen

Mickey Wiese

MEIN FREUND GOTT UND ICH

Geschichten mit Gott erleben

Wenn Mickey Wiese mit Gott redet,

ist das kein Ferngespräch.

Sein Gott sitzt neben ihm, geht mit ihm

durch den Alltag wie ein Kumpel,

den man überall mit hinnehmen kann.

Diese Vertrautheit und Nähe,

die er mit Gott erlebt, ist ansteckend.

Und sie regt an, eigene Erfahrungen

mit diesem Gott zu machen.

Paperback, 104 Seiten
1. Auflage 2006
ISBN: 978-3-7615-5503-3

Carsten Schmelzer/
Thomas Klappstein (Hg.)

VERKNALLT IN
JESUS

*Die Jesus Freaks sind in
der frommen Welt längst
eine feste Größe. Dass
sie immer für Überra-
schungen gut sind, zeigt
sicher auch die Volx-
Bibel. Auch diese
Andachten sind alles
andere als normal.
Denn die Freaks reden
von Gottes Liebe so,
wie ihnen der Schnabel
gewachsen ist.*

Absolut kultverdächtig!

*52 Heartbeats
Paperback, 134 Seiten
1. Auflage 2006
ISBN: 978-3-7615-5504-0*